DON
BOSCO

Jutta Bläsius

3 Minuten Entspannung

Übungen für zwischendurch
in Kita und Schule

Gerne nehmen wir Ihre Anregungen, Wünsche, Kritik oder Fragen entgegen:
Don Bosco Medien GmbH, Sieboldstraße 11, 81669 München
Servicetelefon: (0 89) 4 80 08-341

Bibliografische Information der Deutschen Nationalbibliothek

Die Deutsche Nationalbibliothek verzeichnet diese Publikation
in der Deutschen Nationalbibliografie; detaillierte bibliografische
Daten sind im Internet über http://dnb.d-nb.de abrufbar.

1. Auflage 2009 / ISBN 978-3-7698-1781-2
© 2009 Don Bosco Medien GmbH, München
Umschlagillustration und -gestaltung: ReclameBüro, München
Illustrationen: Gertraud Funke
Gesamtherstellung: Don Bosco Druck & Design, Ensdorf

Gedruckt auf umweltfreundlichem Papier

Inhaltsverzeichnis

Auch Kinder müssen entspannen

Brauchen denn die Kleinen schon Entspannungsphasen? Tatsächlich sind auch schon Kinder Stress und Hektik ausgesetzt. Zeit- und Leistungsdruck, uneingeschränkter und unreflektierter Medienkonsum, elektronische Spielzeuge, fehlende Bewegungsmöglichkeiten, Umweltgifte, Lärm, nervöse und hektische Erwachsene sind nur einige der Stressfaktoren, die ihren Lebensalltag belasten, zur Reizüberflutung führen und sich auf Dauer negativ auf die gesamte Entwicklung auswirken können.

Es entsteht mit der Zeit ein Ungleichgewicht zwischen Anspannung und Entspannung. Die Anspannung nimmt oftmals Überhand. Ruhe, Stille, Selbstbesinnung haben in einem hektischen Kinderalltag keinen Platz und kommen zu kurz. Schlafstörungen, Konzentrationsschwächen, Kopfschmerzen, Hautprobleme und anderes können die Folge sein.

Entspannende Augenblicke, Ruhe- und Stille-zeiten sind aber wichtige Momente im Alltag, die sogar lebensnotwendig sind. Kinder wissen dies oft instinktiv. Sie gönnen sich kleine Auszeiten, indem sie träumen, malen, eine CD hören oder ein Bilderbuch anschauen. Sie nutzen diese kurzen, ruhigen Momente um abzuschalten. Sie müssen also nicht grundsätzlich Entspannung lernen.

Da wir Kinder nicht von allem abschirmen können und es in ihrem Leben immer wieder zu mehr oder weniger belastenden Stressmomenten kommt, müssen wir ihnen lediglich Mittel und Wege an die Hand geben, die sie befähigen, adäquat mit Stress umzugehen. Wir müssen ihnen zeigen, wie sie ganz bewusst und gezielt entspannen können. Hierzu bieten sich unterschiedliche Entspannungstechniken an.

In der Entspannung lernen die Kinder äußere Reize bewusst und ganz gezielt auszuschalten und somit dem Stress entgegenzuwirken. Der Körper kommt zur Ruhe. Dies zeigt sich u.a. an dem herabgesetzten Pulsschlag, an der ruhigen Atmung, dem verringerten Herzschlag, an einem entspannten Muskeltonus. Entspannung wirkt sich außerdem positiv auf die kindliche Psyche aus. Die Kinder schalten ab, vergessen die Welt um sich. Sie nehmen Abstand zum Alltag, tanken Kraft, finden zu sich selbst. Sie fühlen sich nach ruhigen Momenten entspannt, ausgeruht, erfrischt. Die Konzentrationsfähigkeit steigt. Die Kinder werden insgesamt leistungsfähiger.

Je nach Art und Weise der Entspannungsangebote kommen weitere positive Aspekte hinzu.

So können Kinder in **Phantasiereisen** ihrer Vorstellungskraft freien Lauf lassen.

In kleinen, **eutonischen Übungen** lernen sie ihren Körper besser kennen und nach innen zu spüren.

Mit Hilfe gezielter **Atemübungen** lernen sie bewusster zu atmen.

Stille-Spiele vermitteln ihnen die Wohltat der Stille für Körper und Geist.

Wahrnehmungsübungen wecken den Verstand und die Sinne.

Die Kinder spüren, dass Entspannung ihr Wohlbefinden positiv beeinflusst. Dies ist eine der Voraussetzungen, damit es ihnen gelingt, die Übungen mehr und mehr in ihren Alltag zu integrieren. So können sie mit der Zeit immer besser und immer selbstverständlicher aktiv Stress und Hektik in unterschiedlichen Lebensbereichen entgegenwirken.

Die jeweiligen Entspannungsangebote müssen sich an dem Interesse, an den Bedürfnissen, dem sozial-emotionalen und kognitiven Entwicklungsstand der Kinder orientieren. Bedenken Sie, dass es keine einheitliche Methode, kein allgemein gültiges Allheilmittel zur Entspannung gibt. So wie wir als Erwachsene bestimmte Entspannungstechniken bevorzugen, so haben auch Kinder bereits Vorlieben für die eine oder andere Methode. Eine abwechslungsreiche und vielseitige Auswahl der Übungen ist daher vorteilhaft, damit jeder für sich passende Entspannungsmöglichkeiten kennen lernen und nutzen kann.

Im Gegensatz zu Entspannungsverfahren für Jugendliche und Erwachsene steht in der Arbeit mit Kindergarten- und Grundschulkindern jedoch nicht der vernunftorientierte Ansatz im Vordergrund. Es geht vielmehr darum, Kindern spielerisch erlebnisorientierte, vielseitige und abwechslungsreiche Möglichkeiten aufzuzeigen, die sie zur Entspannung führen können.

Die positiven Aspekte der Entspannung, die dabei vermittelt werden, bilden die Basis, auf der die Kinder später im Erwachsenenalter weitere Techniken wie Tai Chi, Progressive Muskelentspannung, Shiatsu oder Autogenes Training aufbauen können.

Was ist zu beachten

Damit Kinder entspannende und stille Momente positiv für ihre Entwicklung nutzen können sind einige wichtige Regeln zu beachten.

1. Informieren Sie die Eltern über die von Ihnen geplanten Entspannungs-angebote. Manche Entspannungsverfahren wirken sich bei bestimmten Erkrankungen kontraproduktiv aus. So dürfen Kinder mit Asthma bronchiale, mit speziellen Magen-Darmerkrankungen, mit Anfallsleiden (Epilepsien), mit Depressionen, mit Herz-Kreislauferkrankungen oder psychotischen Störungen gar nicht oder nur sehr eingeschränkt an Entspannungsübungen teilnehmen. Klären Sie daher im Vorfeld ab, ob in ihrer Gruppe entsprechende Erkrankungen vorliegen.
2. Achten Sie darauf, dass Sie selbst ruhig und entspannt sind, wenn Sie mit den Kindern entsprechende Übungen durchführen. Nur wer selbst Ruhe ausstrahlt, kann diese auch an Kinder weitergeben.
3. Laden Sie die Kinder zu den Übungen ein. Dies spielt vor allem bei den Farbmeditationen oder den Massagegeschichten eine wichtige Rolle. So können die Kinder selbst entscheiden, ob der Wunsch nach Entspannung,

nach Berührung usw. ihrer momentanen Befindlichkeit entspricht. Die Freiwilligkeit der Teilnahme ist eine wichtige Voraussetzung, damit die Entspannung positiv erlebt wird und gelingt.

4. Vor der Entspannung steht die Anspannung.
   Nur in dieser Wechselwirkung kann Ruhe und Stille spürbar werden. Daher ist es wichtig, dass die Kinder vor jeder Übung ausreichend Zeit zum Bewegen haben.

5. Sorgen Sie für eine angenehme Atmosphäre während der Entspannungseinheiten. Achten Sie darauf, dass der Raum gut gelüftet ist, alles Störende zur Seite geräumt wurde, alle benötigten Materialien bereit liegen. Evtl. ist es sinnvoll ein entsprechendes Informationsschild (Eintritt verboten!) an der Tür anzubringen.

6. Während der Entspannungsübungen sollen die Kinder nicht sprechen. Sprechen lenkt ab. Die Aufmerksamkeit des Kindes richtet sich auf das, was es mitteilen möchte und auf die Reaktion seines Gegenübers. Wird ohne Worte gearbeitet, so ist das Kind ganz bei sich. Es kann nun wesentlich intensiver seine eigenen Reaktionen, Bedürfnisse und Empfindungen wahrnehmen.

7. Bitten Sie die Kinder, nach Möglichkeit während des Entspannungsangebotes die Augen zu schließen. So gelingen die Übungen in der Regel besser. Wer das Bedürfnis hat, die Augen zu öffnen, kann dies natürlich jederzeit tun.

8. Seien Sie am Anfang nicht enttäuscht, wenn der erhoffte Effekt ausbleibt. Nur regelmäßiges Üben bringt den gewünschten Erfolg. Planen Sie also immer wieder kleine Entspannungseinheiten in den Alltag mit Kindern ein.

Nur so können sich physische und psychische Veränderungen auf Dauer manifestieren.

9. Üben Sie gemeinsam mit den Kindern und seien Sie sich immer wieder ihrer Vorbildfunktion bewusst. Gerade die Übungen aus der Eutonie, der Kinesiologie oder des Yogas machen auch Erwachsenen Spaß und tragen zur gemeinsamen Freude bei. Es geht keineswegs darum, alle Übungen perfekt zu beherrschen. Das gemeinsame lustvolle Ausprobieren, Entdecken und Erkunden steht vielmehr im Vordergrund des Geschehens.

10. Lesen Sie den Text vor der Übung mehrmals durch. So finden Sie den Reim und können sich manche Textstellen schnell einprägen. Achten Sie darauf, dass Sie während des Sprechens an den passenden Stellen genügend Pausen lassen. Dadurch haben die Kinder Zeit, sich auf die Übung einzulassen, sich in die Sache zu vertiefen, nachzuspüren.

11. Musik kann, wird sie an der richtigen Stelle eingesetzt, die Wirkung der Entspannung vertiefen. Entscheiden Sie mit den Kindern, ob der Einsatz z.B. bei einer Phantasiereise gewünscht wird oder nicht.

Ganz entspannt geht es jetzt los

Damit es nun endlich losgehen kann, möchte ich Ihnen nur noch einige Informationen bezüglich des Aufbaus des Buches und der Arbeit damit geben.

Der Schwerpunkt liegt bewusst auf den praktischen Übungen. Die theoretische Auseinandersetzung mit dem Thema Entspannung ist daher sehr kurz gehalten. Besteht Ihrerseits hierüber mehr Informationsbedarf, finden Sie in der Literaturliste (s. S. 114) entsprechende Buchtitel.

Die vorgestellten Entspannungsübungen sind in der Regel sehr kurz. Es sind somit kleine Einheiten, die jederzeit und „zwischendurch", sogar ganz spontan und ohne großen Aufwand eingesetzt werden können. Steht einmal mehr Zeit zur Verfügung, so lassen sich mühelos verschiedene Angebote miteinander kombinieren (z.B. Entspannungsrätsel: Die Sonne, s. S. 81, Phantasiereise: Die Sonne lacht, s. S. 107).

Die einzelnen Entspannungstechniken bauen, so weit dies möglich ist, aufeinander auf. Am Anfang stehen Wahrnehmungsübungen und Stille-Spiele mit Gegenständen aus dem Lebensumfeld der Kinder. Beide Methoden bieten einen guten Einstieg in die Entspannungsarbeit und sind bereits für junge Kinder geeignet. Sie können erste Erfahrungen mit Ruhe und Stille sammeln und kurze Entspannungszeiten erleben.

Es folgen Angebote, in denen die eigene Körperwahrnehmung über Atemübungen und über Bewegung (Massagen, Kinesiologie, Eutonie, Yoga) intensiv erfahren werden kann. Hier und in den zuvor genannten Entspannungsverfahren wird in erster Linie über sensorische Reize der Zugang zur Entspannung geschaffen. Diese Methoden verlangen noch kein allzu hohes Maß an Konzentration.

Am Ende stehen die imaginativen Techniken. Kleine Entspannungsrätsel führen in die Methode der bildhaften Vorstellung ein. Es folgen Visualisierungsübungen und die Phantasiereisen. Diese Angebote setzen schon ein gewisses Maß an Erfahrung mit Entspannung voraus und verlangen von Kindern Ruhe und Stillhalten können. Es werden in erster Linie kognitive Fähigkeiten angesprochen, für die vor allem die Altersstufe der 4- bis 13-Jährigen zugänglich ist.

Jede Entspannungseinheit muss vor Beginn kurz erklärt und besprochen werden. Dies reduziert Ängste und beugt Unsicherheiten vor. Eventuell auftretende Körperreaktionen wie z.B. lautes Magenknurren, werden als normal beschrieben. Da Entspannung Einfluss auf das vegetative Nervensystem hat, ist es sinnvoll, die Kinder vor jeder Übung zur Toilette zu schicken.

Die Übungen können erst beginnen, wenn alle Kinder ausreichend Gelegenheit zur Bewegung hatten und dann zur Ruhe gekommen sind. Dies ist Voraussetzung zu allen Übungen und wird daher nicht mehr vor jedem Angebot extra erwähnt. Jedes Kind sucht sich eine angenehme, bequeme Ausgangsposition. Generell gilt, dass gerade im Liegen die größte Entspannung möglich ist, da hier die gesamte Muskulatur entlastet wird.

Auch Kinder müssen entspannen

Eine wichtige Funktion hat die Rücknahme der Kinder nach jeder Entspannungsübung. Hier geht es darum, den Kreislauf wieder in Schwung zu bringen, den Geist wieder frisch und aufnahmefähig zu machen. Je tiefer die Entspannung war, umso energischer muss die Rücknahme sein. Sprechen Sie mit lauter, kraftvoller Stimme und fordern Sie alle auf, sich kräftig zu recken, zu strecken und ausgiebig zu gähnen.

Die in diesem Buch vorgestellten Entspannungsübungen sind ganz bewusst in Reimform gehalten. Kinder lieben dieses sprachliche Gestaltungsmittel. Die Reime lenken die Kinder spielerisch durch die Entspannung und zentrieren ihre Aufmerksamkeit. Zudem hilft der Reim, die Übungen zu rhythmisieren. Dies erleichter es, sich den Text schneller zu merken und sich die Übungsfolgen besser einzuprägen.

Und jetzt geht es wirklich los!

Sinnesspiele zur Wahrnehmungsförderung

Mit unseren Sinnen nehmen wir die Welt um uns wahr. Die Augen, die Ohren, die Nase, der Mund und die Haut tragen als Sinnesorgane unterschiedliche Informationen zusammen und liefern uns so ein komplexes Bild unserer Umwelt. Gedanken, Gefühle, Erwartungen, Erinnerungen usw. ergänzen dieses Bild, so dass unsere eigene, individuelle Wirklichkeit entsteht.

Leider sind Kinder in der heutigen Zeit einer wahren Flut von Reizen ausgesetzt. Schon Säuglingen wird vibrierendes, blinkendes und Töne von sich gebendes Spielzeug ins Bettchen gelegt.

Sich intensiv, konzentriert mit einem Gegenstand zu beschäftigen, ist kaum möglich. Statt einer sinnvollen, kindgemäßen Reizung der Sinne kommt es zu einer Überreizung aller Sinnesbereiche. Die Fülle an Informationen, die auf Kinder ständig einströmt, kann kaum vernünftig verarbeitet werden.

Aber nur die intensive Beschäftigung mit einem Gegenstand ermöglicht Kindern tief greifende Erfahrungen zu sammeln. Im sinnvollen Spiel können sie, losgelöst vom Alltag, die Umwelt bewusster wahrnehmen. Solche sinnlichen Spielphasen wirken sich positiv auf die körperliche, die geistige und die seelische Entwicklung aus, führen zu körperlicher und mentaler Entspannung.

Im ungezwungenen, versunkenen, forschenden Umgang mit dem Ball, dem Stein, der Murmel usw. werden die Kinder den Dingen gegenüber immer aufmerksamer und sensibler. Sie lernen, sich sinn-voll auf einen Gegenstand einzulassen, üben z.B. durch genaues Hinsehen, Hinhören, ihn in seiner Einzigartigkeit zu erkennen. Nur so können sie sich ein Bild der sie umgebenden Dinge machen und sich die Welt aneignen.

Die Kinder konzentrieren sich dabei nicht nur auf die Sache, sondern letztendlich auch auf sich selbst. Dieses Versinken führt sie zur inneren Ruhe, schafft entspannende Momente und wird zu einer Quelle der Kraft im hektischen Alltag.

Ich schicke hier im Kreise …

Material: ein Gegenstand (z.B. schöner Stein, Muschel, Kastanie …)
Ausgangsposition: im Sitzen oder im Stehen

Ich schicke hier im Kreise
diese Muschel (o. a.) auf die Reise.
Alle Kinder sind nun still.
Hören, sehen, spüren, was die Muschel (o. a.) erzählen will.

Vielleicht haben die Kinder auf einem Spaziergang Blätter, Tannenzapfen, Eicheln oder Steine gesammelt. Wählen Sie gemeinsam einen schönen Gegenstand aus, den Sie mit dem kleinen Spruch auf die Reise durch den Kreis schicken.

Damit alle Kinder sich in Ruhe damit beschäftigen können, sollte die Gruppe nicht zu groß sein.

Am Ende der Übung sollten Sie den Kindern Material zur Verfügung stellen, mit dem sie darstellen können, was ihnen der Stein, die Muschel … von sich erzählt hat.

Murmelgesang

Material: eine große Glasmurmel, eine Schale mit Rand
Ausgangsposition: im Sitzen

Ich drehe die Murmel auf dem Teller,
die Murmel dreht sich schneller und schneller.
Sie dreht ihre Runden ohne Ruh`.
Höre der Murmel eine Weile zu.
Schließe die Augen und lausch dem Gesang.
Achte auf den schönen Murmelklang.
Mache die Augen erst wieder auf,
wenn du nichts mehr hörst vom Murmellauf.
Alle schließen jetzt die Augen und sind ganz still,
weil die Murmel nun murmeln will.

Die Kinder machen es sich auf ihren Stühlen bequem. Lesen Sie den Text vor.
Legen Sie die Murmel in die Schale und lassen Sie sie am Rand entlang kreisen.
Nach einer Weile stoppen Sie die Bewegung, so dass die Murmel langsam
ausrollt.
Die Kinder verfolgen den Lauf der Murmel mit geschlossenen Augen. Sie öffnen
die Augen erst wieder, wenn nichts mehr von der Murmel zu hören ist.
Stellen Sie den Kindern die Murmel und die Schale im Freispiel zur Verfügung.
Hier können alle den Murmelgesang üben. Bei der nächsten Stille-Zeit kann
dann ein Kind die Murmel in der Schale rollen lassen.

Der Kreiseltanz

Material: ein großer Kreisel (evtl. auch Brummkreisel)
Ausgangsposition: im Sitzen

Schau dem Kreisel beim Tanzen zu.
Der tanzende Kreisel bringt dich zur Ruh.
Sieh, wie der Kreisel sich dreht,
sich um sich selbst im Kreise bewegt.
Beobachte in Ruhe diesen Kreiseltanz
und entspanne ganz.

Bringen Sie den Kreisel in der Kreismitte zum Tanzen. Sprechen Sie langsam den kleinen Text. Die Kinder beobachten schweigend den Kreisel, bis der Kreiseltanz zu Ende ist.
Steht Ihnen ein Brummkreisel zur Verfügung, können die Kinder die Augen schließen und den Kreiseltanz hören.
Stellen Sie auch dieses Material den Kindern im Freispiel zur Verfügung, so dass sie üben können und selbst in der Lage sind, den Kreisel tanzen zu lassen.

Viele Steine habe ich hier

Material:	kleines Tablett, gleiche Gegenstände (z. B. unterschied-liche Kieselsteine, Nüsse, Muscheln ...)
Ausgangsposition:	im Sitzen

Viele Steine (o. a.) habe ich hier.
Einer davon, der möchte zu dir.
Hat dir viel zu erzählen.
Welchen möchtest du wählen?
Suche dir einen aus in aller Ruh`,
und höre seiner Geschichte zu.

Auf einem schönen Tablett liegen viele Steine o. Ä. Die Kinder sitzen im Kreis um dieses Tablett. Der Erwachsene liest den kleinen Text vor. Die Kinder schauen sich die einzelnen Steine an. Sie wählen einen aus und suchen sich einen Platz im Raum. Hier nehmen sie eine bequeme Haltung ein und lauschen dem Stein. Welche Geschichte hat er zu erzählen? Nach einer vereinbarten Zeit oder auf ein vereinbartes Signal hin treffen sich wieder alle in der Mitte. Jedes Kind darf nun erzählen, wovon der Stein ihm berichtet hat.

Die Feder

Material:	eine Feder und eine bequeme Sitzunterlage für jedes Kind
Ausgangsposition:	im Sitzen

Ich lege dir etwas in die Hände, ganz sacht.
Es ist für dich, gib darauf acht.
Öffne nun die Augen, sieh ganz genau hin.
Was liegt da in deinen Händen drin?
Wie fühlt sich die Feder an, in deiner Hand?
Was glaubst du, wo ich sie fand?
Ist die Feder schwer oder leicht?
Kitzelt sie dich vielleicht?
Spürst du ihr Gewicht?
Halte sie einmal gegen das Licht.
Kannst du die einzelnen Teile der Feder erkennen,
sie beim Namen nennen?
Betrachte die Feder in aller Ruh`.
Du hast genügend Zeit dazu.

Jedes Kind sucht sich einen Platz im Raum und macht es sich dort bequem. Erklären Sie kurz den geplanten Verlauf der Übung. Bitten Sie die Kinder, die Augen zu schließen.
Gehen Sie leise von Kind zu Kind, während Sie den ersten Abschnitt des Textes sprechen und legen Sie jedem Kind eine Feder in die geöffneten Hände.
Dann geht es weiter im Text. Lassen Sie zwischen den Zeilen kurze Pausen. Die Fragen helfen den Kindern, auf bestimmte Dinge zu achten. Sie können sie im

Stillen für sich selbst beantworten. Am Ende haben alle genügend Zeit, sich darüber hinaus mit ihrer Feder zu beschäftigen. Dies kann durchaus auch mit Bewegung verbunden sein (Feder über den Boden blasen, ihr beim Schweben zuschauen, sie durch Blasen in der Luft halten ...).

In einem kurzen Abschlussgespräch haben alle die Möglichkeit zu berichten, was ihnen wichtig ist.

Am Ende der Übung dürfen die Kinder die Feder als kleines Geschenk mit nach Hause nehmen.

Das Samenkorn

Material:	Samenkörner (Kresse, Weizen, Gras ...), eine große Schüssel mit Erde, eine Gießkanne mit Wasser
Ausgangsposition:	im Sitzen

Hier habe ich Samenkörner, die sind ganz, ganz klein.
Ich lege jedem ein Korn in die Hände hinein.
Gebt gut darauf acht,
behandelt es ganz vorsichtig und sacht.
Ist es ganz leis' im Kreis,
gibt der Samen sicher etwas von sich preis.
Also seid ganz still,
hört, was das Körnchen sagen will.
Am Ende der Geschichte gebt eurem kleinen Schatz
in der Erde einen Platz.

In der Kreismitte steht eine mit Erde gefüllte Schüssel. Die Kinder sitzen um diese Schüssel herum.

Gehen Sie von Kind zu Kind und legen Sie jedem ein kleines Samenkorn in die Hände. Die Kinder hören den Text und schauen sich ihr Samenkorn ganz genau an.

Am Ende darf jedes Kind sein Körnchen in die mit Erde gefüllte Schüssel legen. Die Körner werden mit etwas Erde bedeckt und mit Wasser begossen. In den nächsten Tagen können die Kinder beobachten, was aus ihren Samen wird.

In einem kurzen Gespräch haben alle Gelegenheit zu erzählen, was ihnen das Samenkorn berichtet hat. Vielleicht hat ein Korn erzählt, was aus ihm werden wird!

Stille-Spiele

Unsere Welt ist oft hektisch, voller Geräusche und laut. Stille-Erfahrungen sind im Alltagsgeschehen kaum möglich. Vielen Kindern fällt es dementsprechend schwer, sich auf die Stille einzulassen, sie als angenehm zu empfinden, sie zu akzeptieren und als Entspannungsmoment zu genießen. Daher ist es nicht verwunderlich, dass die Konfrontation mit Stille bei manchen Kindern auch Angstgefühle und Unsicherheit erzeugt.

Dabei kann Stille zu einem sehr angenehmen, wohltuenden, erholsamen Erlebnis werden, vorausgesetzt, sie wird nicht aufgezwungen und als disziplinierende Maßnahme benutzt, sondern mit innerer Bereitschaft und aus einem inneren Bedürfnis heraus zugelassen und angenommen.

In der Ruhe und Stille haben Körper und Geist die Möglichkeit, sich zu entspannen. Das Kind hat, wie sonst kaum, Gelegenheit ganz in sich zu versinken, mit sich eins zu werden, sich und die Umwelt nachhaltig zu spüren. Gleichzeitig erhöht sich in der Stille die Geräuschsensibilität. Die Geräusche scheinen an Intensität zu gewinnen und werden wesentlich stärker wahrgenommen. Gerade Bewegungen fallen in der Stille besonders deutlich auf. Ein Scharren mit den Füßen, das im Alltag gar nicht als Geräuschquelle registriert wird, kann in einer Stille-Einheit als sehr laut und störend erfahren werden.

Wie wichtig solche Stille-Momente für Kinder sind, erkannte bereits Maria Montessori. Für sie setzte Stille die vollkommene Bewegungslosigkeit voraus.

Stille-Spiele

Übungen der Stille und des Schweigens sind auch heute noch wichtige Bestandteile im Alltag der Montessori-Kinderhäuser.

Die in diesem Abschnitt vorgestellten Stille-Übungen dienen zum einen dazu, die Kinder spielerisch in die Stille zu führen.

Zum anderen machen sie den Sinn von Ruhe und Stille spürbar und deutlich (Förderung der Konzentration, Steigerung der Wahrnehmungsfähigkeit, Sensibilisierung der Sinne ...).

Material ist in der Regel nicht erforderlich. Die Kinder können sich dadurch sehr intensiv ganz auf sich selbst und auf die Stille konzentrieren.

Die Übungen sind recht kurz, so dass sie von Kindern auch gut ausgehalten werden können. Manche sind mit Bewegung verbunden und eignen sich somit auch für den Einsatz bei sehr unruhigen, bewegungsorientierten Kindern.

Die stille Zeit

Material: eine große Uhr mit Sekundenzeiger
Ausgangsposition: im Sitzen

Seid ihr bereit,
für eine kleine stille Zeit?
Dann macht es euch bequem,
kommt zur Ruh',
seht der Uhr eine Minute schweigend zu.

Diese Übung kann z.B. zu Beginn oder am Ende eines Sitzkreises angeboten werden.
Die Uhr ist für alle gut sichtbar aufgehängt oder aufgestellt. Ist der Text zu Ende gesprochen, kehrt Ruhe ein. Die Kinder versuchen nun, eine Minute lang still und regungslos auf ihrem Platz zu sitzen.
Je nach Konzentrationsfähigkeit der Kinder kann die stille Zeit natürlich auch auf zwei oder drei Minuten ausgedehnt werden.
Verlangen Sie am Anfang nicht zu viel. Eine Minute still halten ist für viele Kinder schon eine große Herausforderung.

Stille-Fee komm herbei

Material: evtl. Stifte und Papier (zur Nachbereitung)
Ausgangsposition: im Sitzen

1, 2, 3,
liebe Stille-Fee komm herbei.
Zeig dich hier im Kreise.
Alle Kinder werden leise.
Keiner bewegt sich, keiner spricht,
denn sonst zeigt die Fee sich nicht.
1, 2, 3,
Stille-Fee komm herbei.

Mit diesem kleinen Spruch rufen die Kinder gemeinsam die Stille-Fee in den Kreis. Sie ist eine sehr ängstliche Fee und kommt nur dann zu Besuch, wenn es in der Gruppe ganz still ist und keiner sich bewegt. Laden Sie die Kinder dazu ein, während der Übung die Augen zu schließen.
Nach der Stille-Zeit haben alle die Möglichkeit zu erzählen, ob sie die Fee sehen konnten oder ihre Anwesenheit gespürt haben. Wie sah die Fee aus? Welche Kleidung trug sie? Hat sie etwas gesagt? Was hat sie gemacht? Wie hat sie sich bewegt? Was habt ihr sonst im Raum wahrgenommen?
Vielleicht gelingt es den Kindern, ein Bild ihrer ganz persönlichen Stille-Fee zu malen.

Die Reise

Ausgangsposition: im Sitzen oder im Stehen

Alle Kinder sind ganz leise.
Tim beginnt mit seiner Reise.
Geht spazieren hier im Kreise.
Keiner stört,
damit jeder Tim (Lena, Klara, Sven ...) nun hört.

Ein Kind wird ausgewählt, das im Raum umher geht. Alle anderen stellen/ setzen sich bequem hin und schließen die Augen. In der Zeit, in der die Schritte des umher gehenden Kindes zu hören sind, halten die anderen Kinder die Augen geschlossen. Sie öffnen sie erst, wenn sie nichts mehr hören. Hat jeder das gehende Kind dort vermutet, wo es jetzt steht?
Stellt sich das gehende Kind vor ein sitzendes, tauschen beide die Plätze.

Schlangenspiel

Ausgangsposition: im Sitzen

Heute kommt zu Besuch eine Schlange.
Ich hoffe, es wird keinem Angst und Bange.
Alle sitzen nun ruhig und still,
geben acht, wen ich rufen will.
Wer gleich seinen Namen hört,
steht leise auf, so dass es keinen stört.
Er kommt lautlos zu mir her.
Die Schlange wächst so mehr und mehr.
Doch aufgepasst, die Schlange verschwindet sofort,
wird es laut und unruhig an diesem Ort.

Es ist der Schlange zu laut an diesem Ort.
Darum verschwindet sie sofort!

Die Kinder sitzen mit geschlossenen Augen im Halbkreis, so dass an einer Stelle genügend Platz ist, um die Kinderschlange zu bilden. Die Gruppe sollte nicht zu groß sein.
Verabreden Sie mit den Kindern ein Zeichen (z.B. klatschen, mit dem Fuß aufstampfen).
Flüstern Sie nach dem kleinen Text die Namen der Kinder. Wer seinen Namen hört, steht leise auf und stellt sich an das Schlangenende.
Wird es zu laut oder zu unruhig, setzen sie das zuvor vereinbarte Zeichen ein.
Sprechen Sie die beiden Zeilen am Ende des Textes. Damit wird das Spiel leider beendet und die Schlange löst sich auf.

Schaffen es die Kinder, mit allen die Schlange zu bilden? Dazu ist sehr viel Konzentration nötig.

Diese kleine Übung eignet sich gut, um die Kinder zu sammeln und um alle gemeinsam als Schlange nach draußen zu führen.

Ein Indianer

Ausgangsposition: im Stehen

Ein Indianer schleicht heran,
schleicht so leise er nur kann.
Da bleibt der Indianer stehn.
Wer kann ihn trotz geschlossener Augen „sehn"?

Die Kinder stehen im Außenstirnkreis. Die Augen sind geschlossen. Ein Kind wird zum Indianer bestimmt. Es geht nun leise im Kreis umher, während Sie die zwei ersten Zeilen des Textes sprechen. Lassen Sie das Kind danach noch ein klein wenig gehen, bevor Sie die letzten beiden Zeilen sprechen. Es bleibt dann hinter einem Kind stehen. Wer glaubt, der Indianer steht hinter ihm, hebt die Hand. Indianer und Kind tauschen nun die Plätze.

Bei einer großen Gruppe können auch zwei bis drei Indianer gleichzeitig im Kreis umher schleichen.

Im Kreise gehen

Ausgangsposition: im Sitzen oder im Stehen

Wer traut sich, alleine im Kreise zu gehen?
Die anderen beobachten das Geschehen.
Jeder geht so leise er kann.
Ist er wieder auf seinem Platz, ist der nächste dran.
Es geht los! Der/die (Namen einsetzen) fängt an.

Die Kinder sitzen oder stehen im Kreis. Ein Kind beginnt mit der Übung. Es geht eine Runde im Kreis, bis es wieder an seinem Platz ist. Nun ist das Nachbarkind an der Reihe. Reihum gehen alle Kinder einmal im Kreis. Während dieser Zeit können die anderen Kinder die Augen geschlossen halten. Wer spürt, dass er an der Reihe ist?

Die Krachmacher

Ausgangsposition: im Sitzen

Jeder macht Krach,
so laut er will.
Hebe ich (Paula, Max, ...) die Hand,
sind alle sofort still.

Die Kinder können nun Krach machen, so laut sie wollen. Keiner darf sich dabei die Ohren zuhalten! Sobald jedoch das vereinbarte Signal erscheint, müssen alle sofort still werden. Das Heben der Hand oder ein anderes Zeichens kann natürlich auch von einem Kind durchgeführt werden. Achten Sie darauf, ein Signal zu wählen, dass für alle gut sichtbar ist. Ein akustisches Stoppsymbol (z.B. Schlag auf eine Triangel) eignet sich nicht, da es wegen des großen Geräuschpegels nicht wahrgenommen wird.
Hier kann Stille im direkten Vergleich zu Krach und Lärm als wohltuend erlebt werden.

Atem-Entspannung

Der Atem ist unser ständiger Begleiter. Ohne zu atmen können wir nicht leben. Indem wir einatmen, was um uns ist und beim Ausatmen etwas von uns abgeben, was in uns ist, stellt die Atmung eine Verbindung zwischen uns und unserer Umwelt, zwischen innen und außen dar. Gerät dieses wechselseitige Geben und Nehmen in ein Ungleichgewicht, so kommt auch der Mensch aus seinem Gleichgewicht: Es verschlägt ihm den Atem; er gerät außer Atem; ihm stockt der Atem, er hält den Atem an; er kann nicht mehr frei atmen.
Wir kennen viele weitere Sprichwörter, die diesen Zusammenhang verdeutlichen. Kinder, die ständig in Bewegung sind, haben eine vertiefte Atmung und somit ausreichend Sauerstoff, um damit ihren Körper und ihr Gehirn zu versorgen.
Kinder, die dagegen ihren Bewegungsdrang nicht ausreichend befriedigen können, sind in ihrer Atmung gehemmt; sie ist flach oder gestaut und kann dadurch nicht die für eine gesunde Entwicklung nötige Sauerstoffversorgung des Körpers gewährleisten. Diese Kinder geraten schnell in allen Bereichen aus der Puste.
Die hier vorgestellten Spiele lenken die Aufmerksamkeit der Kinder ganz gezielt auf ihren Atem. Die Kinder erhalten ein Bewusstsein für ihren natürlichen Atemrhythmus. Sie lernen eine ruhige, gleichmäßige Atmung als eine Entspannungsmöglichkeit für den Körper, die Seele und den Geist kennen und lernen, entsprechende Angebote in Stresssituationen zu nutzen. Vor allem die Bauchatmung wird thematisiert. Sie trägt, im Gegensatz zur flachen, oberflächigen Brustatmung, wesentlich zur Entspannung bei.

Besonders wirkungsvoll sind Atemübungen übrigens immer dann, wenn sie in der freien Natur durchgeführt werden. Hier ist die Luft in der Regel frischer und sauerstoffreicher als in einem Gruppen- oder Bewegungsraum. Zudem kann die Natur ihre entspannende Wirkung auf die Kinder entfalten. Aber ein gut gelüfteter Raum tut es zur Not auch.

Die Farbenzauberer

Material: ein beliebiger Gegenstand
Ausgangsposition: im Stehen

Die Farbenzauberer sind zu Besuch,
mit ihrem dicken Zauberbuch.
Üben sich in der Farbenzauberei,
sprechen leise: „1, 2, 3.
Ich atme aus, ich atme ein.
Gelb (blau, rot,…) soll dies nun sein.“

Die Kinder verwandeln sich in Farbenzauberer. Sie üben die Farbenzauberei zunächst gemeinsam in der Gruppe an einem Gegenstand. Sie sitzen bequem auf dem Stuhl oder stellen sich hin. In der Mitte des Kreises liegt z.B. ein weißer Ball. Die Kinder wählen eine Farbe aus, die er annehmen soll.
Sprechen Sie den kleinen Einführungstext. Dann sind die Kinder an der Reihe. Gemeinsam sagen sie den Zauberspruch. Die Kinder atmen aus, ein und wieder hörbar aus. Sie lassen dabei langsam ihren Atem in die Mitte des Kreises strömen.

Atem-Entspannung

Je langsamer das Ausatmen geschieht, umso mehr Farbe kann der Gegenstand aufnehmen.

Fordern sie die Kinder auf, nun die Augen zu schließen und sich den in der Mitte liegenden Gegenstand in der entsprechenden Farbe vorzustellen. Auf ein Zeichen hin, öffnen alle die Augen. Das Spiel kann von Neuem beginnen.

Sind die Kinder im Farbenzaubern geübt, bewegen sie sich im Raum umher und suchen sich dort Dinge aus, die sie mit ihrem Atem färben möchten. Die Kinder flüstern den Zauberspruch oder sagen ihn im Kopf auf. Sie verfärben den Gegenstand mit ihrem Atem in einer beliebigen Farbe, schließen kurz die Augen und gehen dann weiter zum nächsten Material.

Atemwellen

Material: Tesakrepp o. Ä., ein großes Blatt Papier und ein Stift für
                   jedes Kind, evtl. Entspannungsmusik
Ausgangsposition: im Stehen

Mein Atem, der geht auf und nieder,
immer, immer wieder.
Wie die Wellen im Meer
kommt und geht er,
hin und her.
Auf und nieder,
auf und nieder,
immer und immer wieder.

Kleben Sie vor der Übung für jedes Kind ein großes Blatt Papier in Augenhöhe der Kinder an die Wand.
Bevor die Kinder ihre Atemwellen zu Papier bringen, können Sie zur Einstimmung ein paar Trockenübungen machen. Nachdem Sie den Text langsam gesprochen haben, bewegen Sie eine Hand in großen, deutlichen Wellenbewegungen im Atemrhythmus vor dem Körper auf und ab.
Dann stellen die Kinder ihren Atem bildlich dar. Beim Ausatmen führt die Welle nach unten, beim Einatmen wieder nach oben. Fordern Sie die Kinder auf, ruhig und gleichmäßig zu atmen. Die Kinder sollen mehr und mehr ihre Aufmerksamkeit auf ihren Bauch richten. Lassen Sie die Kinder selbst entscheiden, wie lange sie arbeiten. Im Hintergrund kann leise Musik laufen.
In einem anschließenden Gespräch können alle die unterschiedlichen Bilder betrachten und sich über die Arbeit austauschen.

In meinem Bauch bewegt sich was

Material:	Bodenunterlage für jedes Kind
Ausgangsposition:	im Liegen

In meinem Bauch bewegt sich was.
Ach herrje, was ist denn das?
Was kann das sein?
Geht aus und geht ein.
Geht ein und geht aus,
strömt rein und wieder raus.

Die Kinder liegen auf dem Rücken. Lenken Sie die Aufmerksamkeit der Kinder auf ihren Bauch. Sind alle zur Ruhe gekommen, sprechen Sie den kleinen Vers.
Die Kinder beobachten ihren Bauch, achten darauf, wie er sich immer wieder senkt und hebt. Sie experimentieren mit der Atmung, atmen bewusst langsam, dann wieder schneller.
Was bewegt sich dort in ihrem Bauch? Wie bewegt es sich? Alle anstehenden Fragen können am Ende in einer kurzen Gesprächsrunde geklärt werden.

Biene, Fisch, Schlange ...

Ausgangsposition: im Stehen

Begleite mit deinem Atmen die Tiere hier.
So lange du atmest, sind sie bei dir.
Die Biene macht ssss und summt herum: sssssss ...!
Der Fisch macht blubblub im Aquarium: blubblubblubblubb ...!
Die Schlange macht zzz und windet sich: zzzzzzzzzzz ...!
Der Hund macht krrrr, erschreckt dich und mich: krrrrrrrrrrr ...!
Die Kuh macht muuuh, wackelt mit dem Schwanz dazu: muuuuuuuh ...!
Das Schaf macht määää und gibt keine Ruh: määääää ...!
Die Eule macht große Augen und ruft: huhuuuuuuuu ...!

Während die Einleitung des kleinen Verses gesprochen wird, stellen sich die Kinder bequem hin. Dann begleiten sie die Tiere mit ihrem Atem: d.h. während des Ausatmens summen, zischen oder knurren die Kinder. Wechselnde Lautstärke bringt Abwechslung ins Spiel. Entsprechende Bewegungen unterstützen die Atmung (Schlange mit der Hand zeigen, mit dem Arm als imaginärer Kuhschwanz wackeln, die Eulenaugen mit den Händen zeigen ...). Wie lange können die Tiere tönen? Beim Einatmen entspannen die Kinder sich und lockern ihre Muskulatur. Es müssen nicht alle im Text beschriebenen Tiere dargestellt werden. Als kleine Auflockerung für zwischendurch kann z.B. die Eule oder die Schlange zu Besuch kommen.
Hier wird die Aufmerksamkeit der Kinder besonders auf das Ausatmen gerichtet. Die Atemmuskulatur wird trainiert.

Die Ente

Material: eine kleine Gummiente und eine Bodenunterlage für
                     jedes Kind
Ausgangsposition: im Liegen

Eine Ente schwimmt im Meer.
Die Wellen schaukeln sie sanft hin und her.
Schau der kleinen Ente zu.
Komme langsam nun zur Ruh.
Beobachte ihren Wellentanz
und entspanne ganz.

Die Kinder legen sich auf den Rücken und setzen die Gummiente auf ihren
Bauch. Während des Atmens beobachten sie die Auf- und Abwärtsbewegungen,
die die Ente macht. Gezielte Atemstöße in den Bauch lassen die Ente auf dem
stürmischen Meer tanzen.

Die Reise des Atems

Material: evtl. eine Bodenunterlage für jedes Kind
Ausgangsposition: im Stehen oder im Liegen

Dein Atem möchte auf die Reise gehen,
sich deinen Körper von innen ansehen.
Atme tief ein,
schicke ihn los.
Beobachte dann,
kommt er auch an.

Die Kinder suchen sich eine bequeme Haltung. Sie atmen tief ein und schicken mit dem Ausatmen ihren Atem zu einer beliebigen Stelle in ihrem Körper (z.B. zu den Ohren, in die Fingerspitzen, zu den Zehen ...). Vielleicht reicht ein Atemzug nicht aus, um das angestrebte Ziel zu erreichen. Dann muss das Kind noch einmal tief einatmen.
Vor einer Bewegungsstunde oder vor einer anstrengenden Handarbeit kann die Gruppe auch gemeinsam eine Atemreise unternehmen. Alle schicken ihren Atem bewusst in den Körperteil, der später besonders beansprucht wird (bei einer Arbeit mit Ton z.B. in die Hände, bei einer Denkaufgabe in den Kopf ...).

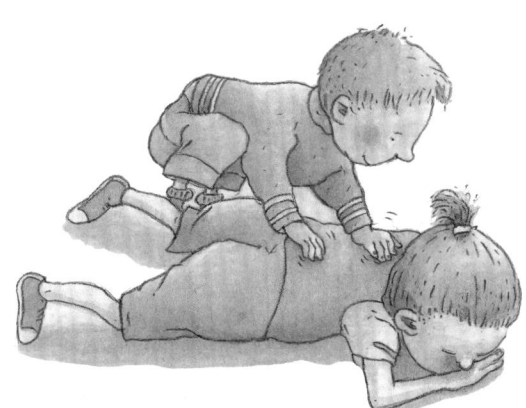

Kleine Massagegeschichten

Eine wohltuende Massage weiß jeder von uns zu schätzen. Sie verbessert die Durchblutung der Haut, lockert verhärtete Muskeln, lässt uns entspannen und den Stress des Alltags vergessen.

Auch für Kinder ist eine Massage eine Wohltat - in vielerlei Hinsicht. Egal ob als Einzelbeschäftigung oder in Partnerarbeit, kleine Streicheleinheiten tun einfach gut und unterstützen die körperliche, seelische und geistige Entwicklung des Kindes.

Die Kinder lernen durch die sanften Berührungen ihren Körper besser kennen, liebevoller mit ihm umzugehen und auf die Körpersignale zu achten. Kleine Massageeinheiten sensibilisieren die Sinne, stärken das Selbstbewusstsein und tragen zur Bildung eines positiven Selbstkonzepts bei.

In der Partnerarbeit vermitteln sie Geborgenheit, sie geben Halt, Sicherheit und das Gefühl, angenommen zu sein. Sie befriedigen das menschliche Bedürfnis nach Körperkontakt und nach liebevoller Berührung. Die Kinder werden anderen gegenüber aufmerksamer und einfühlsamer, üben sich in Rücksichtnahme und Achtsamkeit.

Kleine Massageeinheiten, die mit Phantasie, Einfühlungsvermögen und Fingerspitzengefühl an Kinder herangetragen werden, sorgen für Wohlbefinden, laden zum Träumen und Ausruhen ein und fördern somit die Entspannungsfähigkeit.

Damit die folgenden kleinen Massagen wirken können, sind einige Regeln zu beachten:

- Jeder darf sich nach Möglichkeit selbst einen Partner wählen, mit dem er arbeiten möchte.
- Die Kinder entscheiden selbst, welche Berührungen an welchen Körperstellen sie zulassen und welche nicht!
- Alle gehen vor der Massage zur Toilette.
- Schmuck muss abgelegt, lange Haare müssen zusammengebunden werden.
- Je weniger Kleidung die Kinder tragen, umso effektiver ist die Massage.
- Die Massage darf dem Partner nicht weh tun.
- Auf Knochen, insbesondere der Wirbelsäule, wird nicht massiert!

Die nun folgenden Massagereime werden im Liegen, im Sitzen oder auch im Stehen durchgeführt. Es ist keine Vorbereitung erforderlich. Material kommt nicht zum Einsatz. Die Kinder führen die Massageanleitungen mit ihren Händen auf dem Rücken des Partners oder an sich selbst aus.

Paul war im Stroh

Ausgangsposition: im Sitzen oder im Stehen

Paul war im Stroh,
darüber ist er jetzt gar nicht mehr froh.
Überall im Haar stecken die Halme.
Das zwickt und juckt,
bringt ihn langsam auf die Palme.
Und so beginnt er, 1, 2, 3,
mit der Strohhalmzupferei.
An jedem Haar muss er zupfen,
muss ziehen und rupfen.
Und so zupft er hier, zupft da, zupft dort,
denn das Stroh muss ja fort.
An jeder Stelle auf dem Kopf steckt Stroh.
Darum zupft er weiter so.
Er zupft eine ganze Weile,
ohne Hast und ohne Eile.
Nach einer Weile ruft er: „Hurra,
ich glaube es ist kein Stroh mehr da!
Nichts juckt mehr und zwickt,
nichts kneift mehr und pickt.
Da bin ich aber froh.
Das nächste Mal
trage ich eine Mütze im Stroh."

mit den Händen durch die Haare fahren
auf dem Kopf kratzen

die Haare leicht von der Kopfhaut wegziehen

mit den Händen den Kopf abtasten

Frau Holle ist früh aufgewacht

Material: evtl. eine Bodenunterlage für jedes Kind
Ausgangsposition: im Liegen oder im Stehen

Frau Holle ist früh aufgewacht,
hat die Betten schon gemacht.
Nun schneit es, die Welt wird weiß.   den Schneefall mit leichtem
Der Schnee fällt ganz, ganz leis`.   Antippen auf dem Körper des
                                          Partners darstellen
Fällt in dicken Flocken hernieder,   kräftiger tippen
immer und immer wieder.

Der Schnee deckt die Erde   schnell und dicht den ganzen
mit einem Federbett zu.   Körper mit den Fingerspitzen
Er fällt ganz dicht,   berühren
da geht das im Nu.
Doch plötzlich, welch ein Grauen,
beginnt der Schnee zu tauen.
Die Wintersonne setzt ihm zu.   die Hände an verschiedenen
                                          Stellen des Rückens auflegen und
                                          kurz liegen lassen
Er schmilzt und verschwindet im Nu.   den Körper mit den flachen
Da ist es vorbei mit der weißen Pracht.   Händen in Abwärtsbewegungen
Wir müssen warten,   „abwischen"
bis Frau Holle wieder die Betten macht.

Diese kleine Massagegeschichte ist eine Partnerarbeit.

Der Regenwurm, Herr Bloch

Material: eine Bodenunterlage für jedes Kind
Ausgangsposition: im Liegen

Der Regenwurm, Herr Bloch,
findet heute kein Loch.
Der Boden, der ist hart gefroren,
Herr Bloch muss ganz schön kräftig bohren.

den Zeigefinger leicht in unterschiedliche Körperpartien drücken

So bohrt er hier und dort,
bohrt an jedem Ort.

kurze Pause machen, damit das Kind Zeit hat, hier und dort zu bohren

Verschwindet schließlich doch,
in einem kleinen Loch.
Fort ist Herr Bloch.

Finger unter den Körper des liegenden Kindes führen

Das liegende Kind stellt die Erde dar. Der daneben knieende Partner spielt mit seinem Finger den Regenwurm, Herr Bloch, wie oben beschrieben. Anschließend erfolgt der Rollentausch.

Der Specht

Material: evtl. eine Bodenunterlage für jedes Kind
Ausgangsposition: im Stehen oder im Liegen

Auf einem Baum, da sitzt der Specht.
Hat ganz schön viel zu tun,
kann keine Minute ruh'n.
Muss ein Loch in den Baum hinein picken.
Und so sieht man ihn fleißig nicken.
Nichts kann ihn stören.

Das Kind klopft mit den Fingerspitzen den ganzen Körper ab.

Sein „tock, tock, tock" ist überall zu hören.
Die Arbeit ist anstrengend und sehr trist.
Der Specht muss picken,
bis das Loch fertig ist.
Erst dann gibt er Ruh,
verschwindet darin im Nu.

Das Klopfen des Spechtes kann mit Geräuschen untermalt werden.

Der „Specht" bohrt zart seine Faust an einer beliebigen Stelle in oder unter den Körper des Kindes.

Ein Kind verwandelt sich in einen Baum. Der Partner übernimmt die Rolle des Spechtes und massiert wie oben beschrieben, indem seine Fingerspitzen sich in den Schnabel des Vogels verwandeln. Lassen Sie eine kleine Pause im Text, damit die Kinder das Picken des Spechtes auf dem ganzen Rücken ausführen können. Weisen Sie zudem alle darauf hin, die Bewegungen nicht zu kräftig auszuführen. Ist die Massage beendet, tauschen die Kinder die Plätze.

Josefine, das Ameisenkind

Material: evtl. eine Bodenunterlage für jedes Kind
Ausgangsposition: im Stehen, im Sitzen oder im Liegen

Im Ameisenhaufen ist heute was los!
Wo steckt Josefine, die jüngste Ameise bloß?
Die Ameisen suchen an jedem Ort,
flitzen aufgeregt nach hier und nach dort.
Die Ameisen laufen hin und her,
laufen kreuz und laufen quer.
Sie laufen den Ameisenhaufen
runter und rauf,
doch Josefine, sie taucht nicht auf.
Die Ameisen suchen überall,
wollen Josefine finden, auf jeden Fall.
Da ertönt plötzlich ein lauter Schrei.
Die Ameisen kommen aufgeregt alle herbei.
Und tatsächlich, es ist wahr,
Josefine ist wieder da.

Mit den Fingerspitzen über den Körper laufen

Die Fingerspitzen krabbeln von oben nach unten über den Körper.

Fingerspitzen über den Körper laufen lassen

Die Fingerspitzen kommen an einem Punkt auf dem Körper zusammen und bewegen sich dort auf der Stelle.

Alle rufen laut „Juchhu".
Klatschen und tanzen vor Freude dazu.

Mit den Händen auf den Körper trommeln, die Finger bewegen sich über den Körper

10 Mäuse

Material: evtl. eine Bodenunterlage für jedes Kind
Ausgangsposition: im Liegen oder im Sitzen

10 Mäuse sind der Katze entkommen, haben einfach Reißaus genommen. Laufen nun nach Hause, ohne Rast und ohne Pause. Laufen immerzu, geben keine Ruh.	Mit den Fingerspitzen beider Hände über den Rücken laufen
Laufen Berge runter und Berge rauf, halten nicht inne in ihrem Lauf. Sehen in der Ferne ihr sicheres Zuhause, flitzen weiter ohne Pause.	Mit den Fingerspitzen vom Kopf bis zu den Füßen und dann wieder zum Kopf laufen
Springen über Pfützen, über Stöcke und über Steine, bekommen langsam müde Beine.	Mit den Fingerspitzen unterschiedliche Stellen des Rückens antippen
Da laufen die Mäuse schnell ins Mauseloch. Aber eine erwischt die Katze doch.	Fingerspitzen leicht an einer beliebigen Stelle in den Rücken krallen

Am Ende der Geschichte tauschen die Partner ihre Plätze. Haben beide die Massage genossen, können sich die Kinder darüber austauschen. Vielleicht ist noch ein wenig Zeit für Bewegung. Alle verwandeln sich in Mäuse und suchen sich Verstecke (Mauselöcher) im Raum. Dieses Spiel eignet sich auch als Einstieg ins Thema.

Entspannende Bewegungsminis

Damit Kinder positive Erfahrungen mit Entspannung machen können, ist es wichtig, dass sie diese intensiv am eigenen Körper erleben.

Sich selbst wahrzunehmen, den Körper zu spüren, ihn im Wechsel von Aktivität und Ruhe, in der Polarität von Anspannung und Entspannung zu erleben, sich seines Atems, seines Herzschlages bewusst zu werden, sind elementare Erfahrungen, die Kinder nur über das eigene, kontrollierte Tun und über die sinnvolle Bewegung sammeln können.

Leider sind Kinder in unserer heutigen Zeit immer weniger dazu in der Lage, sich gezielt und kontrolliert zu bewegen. Während es ihnen leicht fällt zu toben, zu rennen und wild umher zu springen, gelingen kleine, gezielt gesteuerte Bewegungen nur sehr schwer. Die Kinder können u.a. kaum auf einer Linie balancieren, haben Probleme rückwärts zu gehen, können nicht auf einem Bein springen.

Gerade diese kontrolliert und koordiniert ausgeführten Bewegungen sind aber für eine gesunde Entwicklung äußerst wichtig. Das Kind erfährt dadurch seine eigene Körperlichkeit sehr bewusst.

In der angeleiteten, gezielt ausgeführten Bewegung wird seine Aufmerksamkeit auf die körperliche Wahrnehmung von Empfindungen, Reaktionen, Signalen und Bedürfnissen gelenkt. Dies hilft den Kindern neue Bewegungen leichter zu lernen und ihr Bewegungshandeln zu verbessern. Kleine, entspannende Bewegungseinheiten zwischendurch leisten somit einen wichtigen Beitrag in der Gesundheitserziehung. Der Bewegungsfreude und dem Bewegungsdrang der Kinder wird zudem Rechnung getragen.

Die im Folgenden beschriebenen Bewegungsminis eignen sich gut für die Arbeit mit jungen und sehr bewegungsfreudigen Kindern, da sie deren ausgeprägtem Bewegungsbedürfnis entgegenkommen. Der körperliche Zugang zur Entspannung ist zudem sehr kindgerecht und der einfachste Weg, um Kindern Entspannung zu vermitteln.
Die in den Texten beschriebenen Bewegungen führen die Kinder über deren langsame, konzentrierte Ausführung zur Ruhe. Der Wechsel von Anspannung und Entspannung kann von allen deutlich wahrgenommen werden.
Gerade bei Bewegungsübungen, die zur Entspannung beitragen sollen, ist es wichtig, dass die Übungen sehr deutlich und auch sehr ruhig enden. Dies garantiert, dass sich die Entspannung noch ein klein wenig hält und so nachwirken kann.
Die im Folgenden beschriebenen Übungen sind jederzeit auch spontan durchführbar. Material wird in der Regel nicht benötigt.

Stell dir vor, du bist ein Baum

Ausgangsposition: im Stehen

Stell dir vor, du hast einen Traum
und in dem Traum wirst du ein Baum.
Ganz, ganz langsam wächst du dem Himmel entgegen.
Beim Wachsen helfen dir Sonne und Regen.
Deine Äste breiten sich aus zu den Seiten.
Du stehst im Wald viele Jahreszeiten.
Der Wind liebkost dich ganz zart und ganz sacht,
oder schüttelt dich mit seiner ganzen Macht.
Du kannst es nicht ändern,
stehst still und stumm
dein ganzes Leben im Wald herum.
Vielleicht wirft ein Sturm dich eines Tages um.

Jedes Kind sucht sich einen Platz im Raum und kauert sich auf den Boden. Alle folgen den Anweisungen des Textes und bewegen sich entsprechend. So richten sie sich langsam auf, breiten die Arme zu den Seite aus und bewegen den Oberkörper in alle Richtungen. Am Ende löst sich die Spannung, indem die Kinder sich langsam zu Boden gleiten lassen.

Wir spannen unsere Muskeln an

Ausgangsposition: im Sitzen, im Stehen oder im Liegen

Wir spannen unsere Muskeln in den Armen
(den Beinen, dem Gesicht, dem Po ...) an.
Wir halten die Spannung – und entspannen dann.

Die Kinder nehmen eine bequeme Haltung ein. Sie einigen sich zunächst auf eine bestimmte Muskelgruppe (z. B. Gesicht, Po, Arme ...). Damit alle wissen, um welche Muskeln es in der anschließenden Übung geht, wird eine Proberunde durchgeführt. Hier können die Kinder die Muskeln in angespanntem Zustand fühlen und teilweise auch sehen. Dann erst geht es richtig los.
Sprechen Sie die erste Zeile. Alle spannen nun die besprochenen Muskeln an.
Sprechen Sie die zweite Zeile und warten sie so lange, bis die Kinder die Spannung nicht mehr halten können.
Dann sprechen Sie die letzte Zeile und lösen sichtbar die Spannung auf. Geben Sie den Kindern kurz Zeit zum Nachspüren. Wer möchte, kann beschreiben, was er wahrgenommen hat.
Schließen Sie, je nach Interesse der Kinder, einen weiteren Durchgang an, oder beenden Sie die Übung.
Diese kleine Entspannungseinheit orientiert sich an der Progressiven Muskelentspannung. Arbeiten Sie immer von oben nach unten, also vom Kopf bis zu den Füßen. Die kurzzeitige Anspannung der Muskulatur regt die Durchblutung an und führt in der Entspannung zu einem Wärmegefühl oder einem Kribbeln in dem entsprechenden Muskel.

Schlangenschlingelei

Material: eine Bodenunterlage für jedes Kind
Ausgangsposition: im Liegen

Eine Schlange hat sich verschlingelt,
liegt auf der Erde ganz verkringelt.
Da kommt Peter, sieht das Tier, spricht:
„Komm her, ich helfe dir!"
Der Schlange wird zunächst ganz bang.
Doch schon bald ist sie wieder lang.
Schlängelt sich hinweg,
verschwindet in ihrem Versteck.

Ein Kind legt sich zusammengerollt auf den Boden.
Es stellt die Schlange dar. Der Partner versucht, sie
ganz langsam und vorsichtig zu entschlingeln,
bis das Kind ganz ausgebreitet auf dem
Rücken liegt. Das liegende Kind
soll sich dabei nicht bewegen,
sondern ganz passiv bleiben,
sich entspannen und locker
sein.
Ist die Schlange entwirrt,
tauschen die Kinder die
Rollen.

Fuchs und Hasen

Ein Fuchs schleicht im Kohlkopffeld umher,
sucht einen Hasen zum Verzehr.
Doch sobald die Hasen ihn sehen,
bleiben sie wie angewurzelt stehen.
Stehen steif und stumm für einen Moment,
so dass der Fuchs sie nicht erkennt.
Doch manchmal nimmt das Schicksal seinen Lauf.
Wer sich bewegt, den frisst der Fuchs leider auf.

„Welchen Hasen finde ich zum Verzehr?
Du, kleiner Hase lebst nicht mehr!"

Ein Kind verwandelt sich in den Fuchs, die anderen Kinder sind die Hasen. Die ersten Zeilen des Textes dienen als kleine Einleitung in das folgende Spiel.
Die Hasen bewegen sich im Raum. Der Fuchs steht am Rande mit dem Rücken zur Gruppe. Er spricht den Satz: „Welchen Hasen finde ich zum Verzehr?" Erst dann darf er sich umdrehen.
Sobald er sich jedoch umdreht, machen sich alle Hasen steif (alle Muskeln anspannen) und bleiben bewegungslos stehen. Der Fuchs beobachtet sie genau. Der Hase, der zuletzt erstarrt ist, wird leider „aufgefressen" (scheidet aus). Der Fuchs entscheidet dies mit dem Satz: „Du kleiner Hase lebst nicht mehr!"
Hier wird Anspannung und Entspannung im deutlichen Wechsel wahrgenommen.

Hampelmann

Material: eine Wanduhr mit Sekundenzeiger
Ausgangsposition: im Stehen

Die Arme schwingen hin und her,
Armeschwingen ist nicht schwer.
Doch nur wer dies eine (zwei, drei ...) Minute(n) kann,
der ist ein richtiger Hampelmann.
Oder, ganz genau,
eine richtige Hampelfrau.

Die Kinder suchen sich einen Platz im Raum, an dem sie mit den Armen schwingen können, ohne anzustoßen. Sie stellen sich bequem hin, die Beine sind etwa hüftbreit aufgestellt.
Die Kinder drehen den Oberkörper nun leicht abwechselnd von einer Seite zur anderen. Die Schultern sind entspannt. Die Arme hängen locker an den Seiten. Sie schwingen bei den Drehungen mit. Günstig ist es, wenn dabei die lockere Faust der Hand, die sich beim Drehen auf dem Rücken befindet, sanft auf den unteren Lendenwirbelbereich klopft. Die Faust im Vorderbereich trifft unterhalb des Nabels auf den Bauch. Die Übung soll schweigend durchgeführt werden, so dass sich alle ganz auf die Bewegung konzentrieren können.
Vereinbaren Sie vor Beginn eine Zeitspanne, in der die Kinder die Bewegung durchführen sollen. Steigern sie diese langsam.
Die Übung stammt aus der chinesischen Heil- und Entspannungslehre. Sie führt zur Entspannung und steigert das Wohlbefinden.

1 Minute

Material: eine Wanduhr mit Sekundenzeiger
Ausgangsposition: im Stehen

1 Minute auf der Stelle laufen.
1 Minute still verschnaufen
1 Minute auf der Stelle springen.
1 Minute reglos verbringen.
1 Minute auf der Stelle sich drehen.
1 Minute ganz still und stumm stehen.
1 Minute auf einem Bein nur stehen.
1 Minute nach innen sehen.

Sprechen Sie die erste Zeile. Die Kinder führen die genannte Bewegung eine Minute lang durch. Nach dieser Zeit sprechen Sie die zweite Zeile. Die Kinder bleiben nun 1 Minute still und reglos stehen und spüren nach innen. Wer mag, kann dabei die Augen schließen.
Nach der Stillezeit können die Kinder berichten, was sie gespürt / wahrgenommen haben (Wärme, Herzschlag, Atmung ...).
Je nach Aufmerksamkeit und Interesse der Kinder kann sich eine weitere Übung anschließen.
Die Kinder erleben hier den direkten Wechsel von Anspannung und Entspannung und können genau beobachten, was in ihrem Körper vor sich geht (schnellere Atmung, erhöhter Herzschlag, gestiegene Pulsfrequenz ...).

Der Farn

Ein Farn steht im Wald,
denkt: Hoffentlich kommt die Sonne bald!
Dann kann ich mich endlich zeigen,
mich vor ihr in Ehrfurcht verneigen.
Das spürt die Sonne; sie beginnt ihren Lauf
und der Farn, der rollt sich ganz langsam auf.
Dreht sich zu allen Seiten,
um der Sonne Freude zu bereiten.
Rollt sich dann langsam wieder zu,
begibt sich mit der Sonne zur Abendruh`.

Und am nächsten Tag steht er wieder im Wald ...

Zeigen Sie den Kindern einen Farn auf einer Abb. oder als echte Pflanze, bevor Sie
die Übung durchführen lassen.
Die Kinder hocken sich auf den Boden, machen sich dabei ganz klein. Sie rollen
sich, dem Text entsprechend, langsam Wirbel für Wirbel nach oben, drehen den
Oberkörper zu allen Seiten und rollen sich dann wieder nach unten ab.
Das Ende des Gedichtes kann wieder als Anfang der Übung genutzt werden, so
dass die Kinder sich mehrmals hintereinander im Auf- und Abrollen üben können.

Kinesiologische Übungen

Das Wort Kinesiologie kommt aus dem Griechischen und beinhaltet die Begriffe *kinesis* = Bewegung und *logos* = die Lehre. Kinesiologie ist somit die Lehre von der Bewegung.

Unter Bewegung wird hier sowohl die äußere Form (Bewegung der Muskeln und Gelenke) als auch die innere Bewegung (Atmung, Verdauung, Gedankenbewegung ...) und der Fluss der Lebensenergie verstanden.

Begründer der Kinesiologie ist der amerikanische Chiropraktiker Dr. George Goodheart. Er entwickelte auch die Methode des Muskeltests. Dieses Testverfahren gibt Aufschluss darüber, ob sich das einem bestimmten Muskel zugeordnete Organ im Gleichgewicht befindet.

Die Kinesiologie sieht den Menschen als Einheit von Körper, Seele und Geist. Kinesiologische Übungen haben das Ziel, diese Einheit im Gleichgewicht zu halten, so dass der Mensch sich wohlfühlt und ausgeglichen ist.

Die Kinesiologie hat sich inzwischen weltweit etabliert und Einzug in die unterschiedlichsten Berufsfelder gehalten (Medizin, Psychologie, Pädagogik, Gesundheitsvorsorge, Sport, Wellness ...). Viele verschiedene Richtungen haben sich entwickelt. Am bekanntesten sind wohl die Edu-Kinestetik nach Dr. Paul Dennison, Touch for Health nach Dr. John Thie, oder Three in One nach Gordon Stokes.

Kinesiologische Übungen

Kinesiologische Übungen sind bereits für Kindergartenkinder geeignet. Sie wirken entspannend und beruhigend, helfen Stress abzubauen, führen zu innerer Ruhe und Ausgeglichenheit. Sie steigern die Wahrnehmungsfähigkeit und die Konzentration der Kinder. Einflüsse und Störungen, die sich negativ auf die kindliche Entwicklung auswirken und somit zu Blockaden führen, werden erkannt, aufgefangen und aufgelöst. Der natürliche Entwicklungsprozess kommt wieder in Gang.
Eine besondere Bedeutung spielen dabei die Überkreuzbewegungen. Sie sorgen für ein beidseitig integriertes, bilaterales Bewegungsmuster und verbinden beide Gehirnhälften miteinander, so dass optimal und stressfrei agiert werden kann.

Die nun folgenden Übungen werden spielerisch und auf kindgemäße Art eingeführt. Als Material ist bei manchen Ideen lediglich ein großes Blatt Papier mit einer aufgemalten liegenden Acht erforderlich. Diese Form provoziert im Nachzeichnen das Überkreuzen der Mittellinie und verbessert das Zusammenspiel beider Gehirnhälften.
Die kleinen Texte in Reimform stimmen die Kinder auf die jeweilige Übung ein und ermöglichen ihnen, zur Ruhe zu kommen.

Der Eulenschrei

Ausgangsposition: im Stehen oder im Sitzen

Die Eulenmama fliegt herbei, spricht:
„Kinder, wir üben den Eulenschrei!"
Passt gut auf und gebt nun acht,
wie eine Eule das richtig macht!
Huhu, huhu,
Huhu, huhu.
Schuschu, schuschu,
schuschu, schuschu."

Spielen Sie zunächst die Eulenmama. Sind die Kinder mit der Übung vertraut, kann auch eines der Kinder diese Rolle übernehmen.

Setzen oder stellen Sie sich aufrecht hin und sprechen Sie den Text.

Anschließend machen Sie die Übung vor. Legen Sie die rechte Hand auf die linke Schulter. Drehen Sie den Kopf zur linken Schulter, so weit es geht. Drücken Sie dabei die Schultermuskulatur zusammen. Sprechen Sie zweimal: „huhuh, huhuh" und zweimal: „schuschu, schuschu." Lösen Sie die Haltung wieder auf. Der Kopf fällt langsam nach vorne. Dann wiederholen Sie die Übung zur anderen Seite.

Der Eulenschrei entspannt die Schulter- und Nackenmuskulatur.

Die Rennstrecke

Material: ein großes Blatt mit aufgemalter liegender Acht, Klebe-
                   material
Ausgangsposition: im Stehen

Paul fährt gerne Autorennen.
Seine Lieblingsstrecke kannst du hier erkennen.
Möchtest du auch einmal Rennfahrer sein?
Dann steig in deinen Wagen ein.
Starte langsam deine Fahrt.
So bleibst du vor einem Unfall bewahrt.

Eine auf einem großen Papier aufgemalte liegende Acht wird in Augenhöhe des Kindes aufgehängt. Das Kind stellt sich mittig vor das Bild.
Es fährt die gezeichnete Acht zuerst mit den Augen ab. Der Start liegt in der Mitte, führt nach links oben, zurück zur Mitte und von dort nach rechts oben und zurück zur Mitte.
Das Kind kann die Linie mit dem gestreckten Arm nachfahren oder mit einem dicken Stift nachzeichnen. Fordern sie es auf, den Arm zu wechseln.
Ist es mit der Rennstrecke vertraut, fährt es sie mit einem kleinen Spielzeugauto ab.
Zur Abwechslung kann die liegende Acht auch als Eisenbahnstrecke dienen, die das Kind mit seinem Zug als Lokomotivführer abfährt. Oder die Kinder verwandeln sich in Eisläufer, Schlittenfahrer, Inlineskater. Der Text lässt sich dementsprechend ändern.

Elefantenrüsselmalerei

Material: ein großes Blatt mit aufgemalter liegender Acht
Ausgangsposition: im Stehen

Stell dir vor, du bist ein Elefantenkind.
Dein Arm verwandelt sich in einen Rüssel geschwind.
Stell dich vor die liegende Acht.
Zeichne sie mit deinem Rüssel ganz sacht.

Auf einem großen Blatt Papier ist die liegende Acht aufgezeichnet.
Das Kind stellt sich davor. Es streckt einen Arm als Rüssel aus und legt ihn dicht
am Ohr an. Hier bleibt er während der ganzen Übung wie festgeklebt.
Das Kind zeichnet nun die liegende Acht mit dem ausgestrecktem Arm in die
Luft nach. Der Oberkörper bewegt sich mit.
Nach einigen Runden bitten sie das Kind, die Übung nun mit dem anderen Arm
auszuführen.
Die Elefantenrüsselmalerei lockert insbesondere die Schulter- und die Nacken-
muskulatur.

Die Glocke

Ausgangsposition: im Stehen

Heute bist du eine Glocke,
pendelst hin und her.
Bim bam, bim bam ...
das ist gar nicht schwer.
Bim bam, bim bam ...
geht es hin und her.
Bim bam, bim bam ...

Die Kinder suchen sich mit überkreuzten Beinen einen sicheren Stand. Der Oberkörper und die Arme hängen locker nach unten. Aus dieser Stellung heraus pendeln sie nun weit nach links und nach rechts.
Nach mehreren Glockenschlägen werden die Beine andersherum überkreuzt und die Übung beginnt erneut.
Begleiten die Kinder sprachlich die Glockenschläge, dann entsteht ein wahres Glockenkonzert.
Diese Übung macht nicht nur Spaß, sondern sie lockert spielerisch die verkrampfte Muskulatur und schult das Gleichgewicht.

Kiefermuskeln massieren

Ausgangsposition: im Sitzen oder im Stehen

Seid ihr bereit
dann öffnet euren Mund ganz weit.
Massiert die Muskeln des Kiefers eine Weile,
ganz zart und ohne Eile.
Atmet aus, langsam und nicht zu kräftig.
Und dann gähnen alle heftig.

Die Kinder setzen oder stellen sich bequem hin. Zeigen Sie ihnen, wo sich die Kiefermuskeln befinden und wie sie massiert werden können.
Erst dann führen Sie die Übung durch.
Gähnen ist übrigens die natürlichste Form der Entspannung und kann jederzeit als Soforthilfe gegen Stress oder Müdigkeit eingesetzt werden. Es löst Verspannungen und Verkrampfungen des Kopfes, des Gesichts und des Nackens.

Eutonische Entspannungsideen

Eutonie ist aus dem Griechischen abgeleitet und setzt sich aus *eu* = wohl, gut, harmonisch und *tonus* = Spannung zusammen. Der Begriff kann demzufolge mit wohltuender Spannung übersetzt werden.

Es handelt sich dabei um eine Selbsterfahrungsmethode, die 1957 von der Deutschen Gerda Alexander (1908 – 1994) entwickelt wurde.

Im Vordergrund dieser ganzheitlich orientierten Entspannungstechnik steht die Wahrnehmungs- und Bewusstseinserweiterung, die u.a. durch die Arbeit am eigenen Körper, durch die intensive Auseinandersetzung mit Material (Kirschkernsäckchen, Kastanienschläuche, Filzbälle, kleine Bambusstäbe, Alltagsmaterial ...) oder durch das Handlungsprinzip Strecken gegen einen Widerstand aktiviert, verbessert und gesteigert wird.

Bereits kleine, einfache eutonische Übungen können spielerisch elementare Sinnes- und Körpererfahrungen vermitteln.

Dies führt dazu, dass Kinder ihren Körper besser beherrschen können und geschickter und sicherer im Umgang mit ihm sind. Eutonische Übungen helfen ihnen, sich in ihrem Körper wohl zu fühlen und eine ausgeglichene Balance zwischen Anspannung und Entspannung zu erreichen. Dabei gibt es kein Richtig oder Falsch.

Die Eutonie stellt das individuelle Empfinden jedes Einzelnen in den Vordergrund. Dies setzt voraus, dass jeder die Möglichkeit hat, in seinem eigenen Rhythmus und in seinem individuellen Tempo zu arbeiten.

Die hier vorgestellten Übungen sind nur als kleine Anregungen, als Impulse und Einstiegsübungen in das eutonische Arbeiten zu verstehen. Sie orientieren sich an den Grundgedanken der Eutonie, sind aber keineswegs mit den klassischen Eutonie-Übungen gleichzusetzen, wie sie ausgebildete Eutonie-Pädagogen anwenden.

Gerade die eutonischen Körperübungen sehe ich in der heutigen Zeit als wichtiges Instrument, um die Aufmerksamkeit der Kinder wieder mehr in sich hinein zu lenken, um sie mit ihrem Körper in Kontakt zu bringen und um sie die Lebensprozesse in ihrem Innersten spüren zu lassen.

Je weniger Kleidung die Kinder bei den Übungen tragen, umso einfacher kann ihnen das Spüren gelingen. Alle Übungen im Stehen sollten zudem nach Möglichkeit barfuß durchgeführt werden.

Erklären Sie den Kindern die jeweilige Übung kurz und beschreiben Sie die einzelnen, aufeinanderfolgenden Schritte. Lesen Sie dann den Text vor, während die Kinder die Übung ausführen. Lassen Sie zwischen den einzelnen Anweisungen und Fragen kleine Pausen. Gerade Fragen und Ansagen spielen in der Eutonie eine wesentliche Rolle. Sie strukturieren das Geschehen, unterstützen das Erlebte und zentrieren die Aufmerksamkeit der Kinder auf bestimmte Körperteile, Empfindungen und Wahrnehmungen. Zu Beginn sollten die Pausen zwischen den Fragen kurz sein, später können sie verlängert werden.

Natürlich geht es nicht darum, die Ansagen und Fragen der Reihe nach abzuarbeiten. Hier ist Ihr Einfühlungsvermögen und Ihre Flexibilität gefragt. Orientieren Sie sich an der Ausdauer und an der Konzentration der Kinder und bedenken Sie: Weniger ist oft mehr!

Den Boden spüren

Material: eine Bodenunterlage für jedes Kind
Ausgangsposition: im Liegen

Achte, ob du bequem nun liegst.
Spüre, ob noch etwas zwickt oder piekst.
Bist du zufrieden mit deiner Lage,
schließe die Augen, achte auf das, was ich frage.
Gib dir die Antwort ganz allein.
Und spüre in Ruhe in dich hinein.

Fühlst du dich wohl und sicher hier?
Spürst du den Boden unter dir?
Fühlst du, wie dein Körper auf dem Boden liegt?
Merkst du, wo er sich an den Boden schmiegt?
Welches Körperteil kannst du am deutlichsten spüren?
Mit welchen Körperteilen kannst du den Boden berühren?
Fühle in deinen Schulterbereich.
Liegst du dort eher hart oder weich?
Wie geht es deinem rechten und deinem linken Arm?
Fühlen sie sich kalt an oder eher warm?
Kannst du etwas zu deinen Beinen sagen?
Liegen sie gut oder bereiten sie dir Unbehagen?
Wie hast du deine Füße gelegt?
Spürst du, ob sich darin etwas regt?
Bleib noch liegen – nur eine kurze Weile.
Dann steh auf, recke und strecke dich ohne Eile.

Fordern Sie die Kinder auf, sich bequem auf die Unterlage zu legen. Lassen Sie sie selbst wählen, welche Ausgangsposition für sie angenehm ist (Bauch-, Rücken- oder Seitenlage). Sind die Kinder zur Ruhe gekommen, sprechen Sie den kleinen Einführungstext. Nach einer kurzen Pause beginnen Sie mit den Fragen. Lassen Sie den Kindern genügend Zeit, um in die genannten Körperteile zu spüren.

Je jünger die Kinder sind, die an der Übung teilnehmen, umso weniger Fragen sollten gestellt werden.

Je älter die Kinder sind, umso genauer können die Fragen formuliert werden. Arbeiten Sie hier ausgehend vom Kopf bis hinunter zu den Füßen.

In dieser Übung geht es darum, den Kindern die Tragfähigkeit des Bodens bewusst zu machen. Die Erfahrung, sich im Liegen oder im Stehen dem Untergrund anvertrauen zu können, den Boden unter sich zu spüren, sich zu erden, ist die Basis für alle weiteren eutonischen Übungen.

Stell dich ganz bequem hin

Ausgangsposition: im Stehen

Stell dich ganz bequem hin.
Die Augen fallen zu.
Langsam kommst du zur Ruh`.
Achte nun auf dein rechtes und dein linkes Bein.
Spüre eine Weile in beide hinein.
Sind die Beine eher warm oder kalt?
Stehst du fest auf dem Boden?
Hast du sicheren Halt?
Sind deine Beine leicht oder eher schwer?
Stehst du gut auf der Erde,
oder schwankst du ein wenig hin und her?
Gib noch ein bisschen auf deine Beine acht.
Dann öffne die Augen.
Recke und strecke dich,
als seist du aus dem Schlaf erwacht.

Auch in dieser Übung geht es darum, mit dem Boden Kontakt aufzunehmen, sich zu erden. Unterschiedliche Bodenbeläge bringen dabei Abwechslung ins Spiel. Bieten Sie den Kindern diese kurze Spür-Übung also ruhig auch einmal in der freien Natur, auf einem Wald- oder Wiesenboden an.

Reibe deine Hände

Material: ein kleines Glöckchen
Ausgangsposition: im Sitzen

Reibe deine Hände eine Weile.
Lass dir Zeit, nur keine Eile.
Die Hände kommen auf den Beinen zur Ruh`.
Mach jetzt deine Augen zu.
Gib auf deine Hände acht.
Spüre in sie, beobachte, was Händereiben macht.
Spürst du die Wärme in ihnen?
Fühlt es sich an, als wären darin 1000 Bienen?
Spürst du das Blut durch die Adern flitzen?
Kommt es bis zu den Fingerspitzen?
Achte noch ein wenig auf deine Hände.
Läutet das Glöckchen,
ist die Übung zu Ende.

Die Kinder sitzen bequem auf einem Stuhl. Sie reiben die Handflächen kräftig und schnell gegeneinander und legen sie dann mit den Innenflächen nach unten auf die Oberschenkel. Mit geschlossenen Augen spüren die Kinder in ihre Hände. Ertönt das Glöckchen, öffnen alle die Augen. In einem kurzen Gespräch haben die Kinder Gelegenheit, über die Übung und ihre Wahrnehmungen zu sprechen.

Bälle und Kugeln spüren

Material: ein Korb mit unterschiedlichen Bällen und Kugeln
                       (Tennisbälle, Tischtennisbälle, Holzkugeln, große
                       Murmeln, Igelbälle unterschiedlicher Größe ...)
Ausgangsposition: im Sitzen

Viele Bälle liegen im Korb.
Schau sie dir eine kleine Weile an.
Schließe die Augen dann.
Ich lege dir einen Ball in die Hände.
Wie fühlt er sich an?
Taste dich langsam an ihn heran.
Rolle den Ball in deinen Händen hin und her.
Fällt dir das leicht oder eher schwer?
Ist dieses Rollen angenehm oder eher eine Qual?
Woraus ist der Ball gemacht; was ist das für ein Material?
Kannst du den Ball über deine Handrücken führen?
Was kannst du dabei spüren?
Ist der Ball weich oder hart?
Ist er klein oder groß?
Ist er glatt oder rau?
Lass dir Zeit und spüre ganz genau.
Komm dann mit deinen Gedanken wieder ins Hier und ins Jetzt.
Strecke und recke dich kräftig zuletzt.

Die Kinder sitzen im Kreis um den Korb mit den Kugeln und Bällen.
Nachdem alle die Bälle betrachtet haben, schließen sie die Augen. Legen Sie nun vorsichtig und leise jedem Kind einen Ball/ eine Kugel in die Hände. Die Kinder sollen sie mit den Fingern „sehen". Die Fragen bieten eine kleine Hilfe dazu.
Wer seinen Gegenstand ausgiebig und intensiv erspürt hat, öffnet die Augen und reckt und streckt sich kräftig. Haben alle die Augen geöffnet, ist die Übung beendet. Je nach Ausdauer und Konzentration kann sich eine weitere Fühlrunde anschließen, in der jedes Kind einen anderen Ball/ eine andere Kugel erhält.
Auf diese Art und Weise lassen sich die unterschiedlichsten Gegenstände im Kreis erspüren (z. B. Waldfrüchte, Obst ...).

Die Augen brauchen ein wenig Ruh`

Material: keines
Ausgangsposition: im Sitzen

Die Augen brauchen ein wenig Ruh`.
Decke sie sanft mit deinen Händen zu.
Lass deine Hände mit leichtem Druck auf ihnen liegen.
Spüre, wie sie sich behutsam an die Augen schmiegen.
Wie fühlt es sich an?
Was kannst du spüren?
Ist es angenehm, wie deine Hände die Augen berühren?
Vielleicht kannst du Farben erkennen?
Vielleicht spürst du Wärme oder ein leichtes Brennen?
Nimm nun die Hände weg.
Halte die Augen weiterhin zu.
Gönne ihnen noch ein klein wenig Ruh`.
Erst dann lass es geschehen.
Öffne die Augen.
Was kannst du sehen?

Weisen Sie die Kinder darauf hin, wirklich nur leichten Druck auf die Augen auszuüben. Die Übung soll angenehm und nicht schmerzhaft sein.
Reiben die Kinder zu Beginn ihre Hände gegeneinander, kann die entstehende Wärme eine weitere Wohltat für die Augen sein.

Yogaspiele

Yoga ist eine ganzheitliche, uralte Lehre, die ihre Wurzeln in Indien hat. Sie kombiniert unterschiedliche Übungen wie Asanas (Körperstellungen), Pranayama (Atmung) und die Meditation miteinander. Ziel der Übungen ist es, die Einheit zwischen Körper, Geist und Atmung herzustellen.

Yoga ist nicht nur für Erwachsene, sondern auch für Kinder geeignet. Gerade die Asanas (Körperübungen) fallen Kindern leicht und machen ihnen zudem viel Spaß, da sie sich sehr spielerisch vermitteln lassen und hier z.B. Tiere und Pflanzen dargestellt werden.

Yogaübungen verbessern das Körpergefühl, schulen die Körpermotorik und die Bewegungskoordination. Sie unterstützen die Persönlichkeitsbildung und das Selbstbewusstsein der Kinder und helfen ihnen, ihr inneres Gleichgewicht zu finden. Regelmäßig durchgeführt, können die Übungen Haltungsschäden verhindern und korrigierend wirken.

Sogar aus medizinischer Sicht ist Yoga äußerst effektiv, weil hier direkt auf die Organe und die Muskultur eingewirkt wird. Der Körper wird in den unterschiedlichen Stellungen gedehnt, gestreckt und gekräftigt. Dies führt zu einer guten Durchblutung, zu einer verbesserten Sauerstoffaufnahme des Körpers und zum Lösen von Verspannungen.

Ruhe ist das wichtigste Grundprinzip im Yoga. Yogaübungen fördern die Entspannung, die Konzentrationsfähigkeit und lassen Kinder die Stille erleben.

Yogaspiele

Im Kinderyoga geht es aber nicht darum, die meist sehr akrobatisch anmutenden Übungen bis zur Perfektion zu trainieren. Das Ziel heißt vielmehr: mit Spaß an der Bewegung zu mehr Ruhe und Ausgeglichenheit finden.
Die hier vorgestellten Yogaübungen sind recht einfach und knapp gehalten. Sie lassen sich bereits mit Kindern ab drei Jahren durchführen.
Probieren Sie die jeweilige Übung zunächst selbst aus, damit Sie sie den Kindern korrekt zeigen können. Machen Sie jede Übung exakt vor, damit alle sehen, worauf es ankommt.
Die kurzen Texte in Reimform helfen Ihnen und den Kindern, sich die Übungen und die Übungsfolgen einzuprägen. Die Namen der folgenden Übungen entsprechen nicht den gängigen Begriffen. Sie sind überwiegend frei erfunden und orientieren sich an den Grundgedanken der einzelnen Bewegungen.

Der Fels

Ich stehe hier ganz still,
weil ich ein Fels sein will.
Ich stelle mich kerzengerade hin,
achte darauf, dass ich unbeweglich bin.
Ich bin nun ein Fels,
bin groß und schwer,
seht alle her.
Ich stehe hier still und stumm.
Ich schließe die Augen
und falle nicht um.

Stellen Sie sich gerade hin. Die Augen schauen nach vorne. Die Füße stehen hüftbreit nebeneinander und sind fest in der Erde verwurzelt.
Diese kleine Übung hilft den Kindern zur Ruhe zu kommen, Kraft zu tanken und sich zu konzentrieren. Es geht darum, möglichst still und bewegungslos zu stehen, - eine Herausforderung, die die meisten Kinder lieben.
Der Fels trainiert die Grundstellung für alle Yogaübungen im Stand. Das bewusste Stehen kann die Rückenmuskulatur entlasten, die Standfestigkeit und Stabilität verbessern. Zudem trainieren die Kinder ihre Gleichgewichtsfähigkeit.

Der ruhende Hase

Ich setze mich auf meine Fersen, mit geradem Rücken.
Nichts soll zwicken, nichts soll drücken.
Die Stirn muss ich nun auf den Boden bringen.
Das wird mir sicher gelingen.
Meine Arme kann ich neben meine Beine legen.
Meinen Po muss ich leicht nach oben heben.
Ich atme aus durch den Mund, ein durch die Nase:
Ich stell mir vor, ich bin ein kleiner, ruhender Hase.

Machen Sie den Kindern die Übung vor. Begeben Sie sich in den Fersensitz. Beugen Sie den Oberkörper mit geradem Rücken nach unten. Die Stirn berührt den Boden. Die Arme liegen neben dem Körper. Die Hände halten sich an den Füßen fest. Richten Sie den Po etwas auf.
Die Übung dehnt sanft den Rücken, die Hüfte und die Knie. Sie ist zudem sehr beruhigend.
Nach der Ruhestellung können die Kinder als Hasen durch den Raum hüpfen. Dann ruhen sie sich wieder aus. So entsteht ein spielerischer Wechsel zwischen Anspannung und Entspannung.

Die Schlange

Material: evtl. eine Bodenunterlage für jedes Kind
Ausgangsposition: im Liegen

Eine Schlange seht ihr hier.
Ist es ein gefährliches Tier?
Wenn sie erwacht,
zeigt sie sich in ihrer ganzen Pracht.
Sie richtet sich auf, so kann sie besser sehen
und sich zu beiden Seiten drehen.
Mit ihrer gespaltenen Zunge zischt sie unentwegt,
bis sie sich wieder zum Schlafen legt.

Sprechen Sie mit den Kindern vor der Übung über Schlangen. Begeben Sie sich dann in die Ausgangsposition. Legen Sie sich mit geschlossenen Beinen auf den Bauch. Die Zehen sind gestreckt. Die Hände der angewinkelten Arme liegen in Schulterhöhe flach auf der Unterlage. Die Stirn berührt die Matte.
Heben Sie den Kopf an, bis die Arme gestreckt sind. Schultern und Kopf werden weit nach hinten gebogen. Halten Sie einige Atemzüge in dieser Ausgangsposition aus. Drehen Sie ihren Oberkörper zur rechten und zur linken Seite. Dann rollen Sie sich wieder nach unten ab, bis Sie auf dem Boden liegen. Die Kinder wiederholen das Auf- und Abrollen zwei- bis dreimal. Die Übung weitet den Brustraum, kräftigt die Muskulatur und regt den Kreislauf an.

Das Schmetterlingskind

Material: evtl. eine Bodenunterlage für jedes Kind
Ausgangsposition: im Sitzen

Als Schmetterling schwinge ich meine Flügel,
fliege über Wälder, Wiesen und Hügel.
Fliege mit dem Wind,
wie ein kleines Schmetterlingskind.
Fliege hin und her,
das fällt mir nicht schwer.
Manchmal ruhe ich mich aus.
Doch dann fliege ich wieder in die Welt hinaus.

Auch hier zeigen Sie den Kindern zunächst wie die Übung geht. Setzen Sie sich mit geradem Rücken auf den Boden. Die Fußsohlen liegen aneinander und werden mit den Händen umfasst. Bewegen Sie nun die Knie auf und ab. Sie stellen die Flügel des Schmetterlings dar.
Die Kinder nehmen die Stellung ein. Während sie die Knie auf und ab bewegen, sprechen Sie den kleinen Text dazu. Wer eine kurze Pause benötigt, führt die Knie zusammen und ruht sich ein wenig aus. Dann geht es weiter im Flug.
Die Übung öffnet die Hüfte, streckt die Wirbelsäule und verleiht der Phantasie Flügel. Sie ist eine der entspannendsten Yogaübungen.

Der fliegende Vogel

Material: keines
Ausgangsposition: im Stehen

Will ich ein fliegender Vogel sein,
nehme ich diese Haltung ein:
Ich stelle mich kerzengerade in den Wind,
strecke meine Arme als Flügel zu den Seiten geschwind.
Ich drehe meine Hüfte zur rechten Seite,
schaue aus der Luft in die Weite.
Dann drehe ich meine Hüfte zur linken Seite.
Schaue wieder in die Weite.
So fliege ich eine Weile hin und her,
als stolzer Vogel fällt mir das nicht schwer.
Ich schaue mir von hier oben alles an.
Nach einer Weile lande ich dann.
Ich ruhe mich aus und warte,
bevor ich erneut meinen Vogelflug starte.

Führen Sie den Kindern die Übung vor. Stellen Sie sich aufrecht hin. Die Füße stehen etwa hüftbreit auseinander. Strecken Sie die Arme in Schulterhöhe zur Seite. Sie stellen die Flügel des Vogels dar. Drehen Sie nun die Hüfte zur rechten Seite, dann zur linken. Die Arme drehen sich nicht mit! Wiederholen Sie die Drehbewegung. Am Ende des Textes gehen Sie in die Hocke zum Ausruhen. Von hier aus beginnt der Vogel seinen nächsten Flug. Die Kinder verwandeln sich nun ebenfalls in fliegende Vögel und starten in die Lüfte. Diese Übung trainiert das Gleichgewicht, kräftigt die Muskulatur und macht die Hüfte beweglich.

Entspannungsrätsel

Entspannungsrätsel sind kleine Reime, die die Aufmerksamkeit der Kinder ganz gezielt auf einen bestimmten Gegenstand, ein Tier, eine Pflanze, ein Naturereignis o.Ä. lenken. Entspannungsrätsel unterscheiden sich jedoch in manchen Punkten von herkömmlichen Rätseln. So kommt es hier ganz bewusst zu einer persönlichen Ansprache des Kindes, so dass alle das Rätsel aus der Perspektive des Gesuchten erleben. Dies führt zu einer intensiven Identifikation des Kindes mit dem beschriebenen und gesuchten Gegenstand. Das Kind übt, sich in etwas hinein zu versetzen und trainiert damit seine Empathiefähigkeit.

Rätsel wecken die kindliche Neugier und verbessern die Konzentration. Meist sind alle sehr gespannt, ob ihre zu Beginn gemachte Vermutung durch den Text weiter bestätigt wird oder nicht. Doch auch hier gibt es einen Unterschied zwischen einem Entspannungsrätsel und dem herkömmlichen Rätselraten. Es geht nicht darum, möglichst schnell die Lösung zu präsentieren. Ganz im Gegenteil. Die Kinder müssen sich bis zum Ende der Übung gedulden. Sie müssen also konzentriert bis zum Schluss zuhören und warten. Bestätigt sich die Vermutung, so gibt dies dem Kind Selbstvertrauen und Sicherheit.

Die Reime regen die Phantasie der Kinder an und fördern ihre Kreativität. Sie sind eine gute Vorübung für weitere imaginative Entspannungstechniken.

Wichtig ist, dass die Texte mit ruhiger, gleichmäßiger Stimme gesprochen werden. Bereits über den Klang der Stimme können die Kinder zur Ruhe und Entspannung geführt werden. Kurze Pausen helfen allen, sich in ihrer Phantasie mit dem Gesagten zu beschäftigen, in die entsprechende Rolle zu schlüpfen und sich ein individuelles Bild des Ganzen zu machen.

Bevor Sie mit dem Rätselraten beginnen, sollten Sie mit den Kindern einige Regeln besprechen, die von der Gruppe akzeptiert und eingehalten werden müssen. So darf z.B. keiner während des Vorlesens sprechen oder auf eine andere Art und Weise stören. Jeder behält die Lösung, falls er sie gefunden hat, für sich, bis das Rätsel zu Ende vorgetragen ist und eine kleine Pause eingehalten wurde. In einer anschließenden Gesprächsrunde haben alle Gelegenheit, ihre Ideen den anderen zu präsentieren.

Laden Sie die Kinder dazu ein, dem Text mit geschlossenen Augen zu folgen. So kann sich die Phantasie freier entfalten. Die Kinder sind ganz bei sich und werden nicht durch äußere Reize abgelenkt.

Die Entspannung mit Rätseln kann über das Vortragen des Textes und das Erraten des gesuchten Begriffs weiter hinausgehen. Die individuelle Beschäftigung mit dem im Rätsel gesuchten Gegenstand gibt den Kindern die Möglichkeit, ihre in der Phantasie entwickelten Vorstellungen lebendig werden zu lassen, sie auszudrücken und auszuleben.

Wie solche, auf die Lösung konzentrierte, entspannende Momente im Einzelnen gestaltet werden können, ist bei jedem der nun folgenden Rätsel genau beschrieben.

Die zu jedem Rätsel angegebenen Materialien beziehen sich auf weiterführende Aktivitäten.

Die Schildkröte

Material: evtl. eine Bodenunterlage für jedes Kind, eine Feder
Ausgangsposition: im Sitzen oder im Liegen

Du kannst groß sein oder ganz klein.
Du trägst einen Panzer, der ist hart wie Stein.
Darin kannst du dich gut verstecken,
wenn Menschen oder Tiere dich erschrecken.
Du kommst langsam nur vom Flecke,
doch bist du keine lahme Schnecke!
Den Winter über schläfst du in deinem Haus.
Erst im Frühling kommst du wieder heraus.
Nun überlege. Ich hoffe es fällt dir ein:
Welches Tier nur kannst du sein?

Die Kinder setzen oder legen sich bequem auf die Bodenunterlage und lauschen dem Text. Lassen Sie genügend Pausen zwischen den einzelnen Zeilen, so dass die Kinder Zeit haben, um innere Bilder entstehen zu lassen. Am Ende haben alle Gelegenheit, das Rätsel zu lösen.
Evtl. kann noch ein kurzes Gespräch über das gesuchte Tier folgen. Dann verwandeln sich alle Kinder in Schildkröten, die sich z.B. in ihrem Panzer verkriechen und auf die Frühlingssonne warten. Während alle zusammengekauert auf dem Boden liegen, können Sie von Kind zu Kind gehen und jeden mit einer Feder streicheln. Wer diese Berührung „der Sonne" spürt, wacht langsam auf.
Vielleicht möchten die Kinder aber auch bildnerisch tätig werden und sich selbst als Schildkröte darstellen.

Die Sonne

Du stehst hoch am Himmelszelt,
leuchtest von dort auf die Welt.
Du kannst allen Licht und Wärme geben.
Ohne dich gibt es nirgendwo Leben.
Früh am morgen bist du schon zu sehen.
Am Abend musst du leider wieder gehen.
Dann bist du die ganze Nacht fort,
leuchtest an einem anderen Ort.
Wenn du scheinst, geht es den Menschen gut.
Sie sind zufrieden und voller Lebensmut.
Jetzt fällt es dir sicher ein:
Du kannst nur die ... sein!

Die Kinder suchen sich eine bequeme Ausgangsposition und schließen die
Augen. Tragen Sie den Text langsam und mit entsprechenden Pausen vor.
Ist das Rätsel gelöst, können die Kinder ihr Wissen über die Sonne im Kreis
erzählen.
Anschließend verwandeln sich alle in einem kleinen Bewegungsspiel gemeinsam
in eine Sonne. Die Kinder kauern dicht zusammen auf dem Boden, richten sich
langsam Wirbel für Wirbel auf und schicken ihre Strahlen (= ausgestreckte Arme)
in alle Richtungen.
Entsprechende Musik oder die Begleitung auf einem Glockenspiel kann die
Bewegungen der Kinder untermalen.

Das Meeresrauschen

Material: eine Bodenunterlage für jedes Kind, Entspannungsmu-
                   sik (= Meeresrauschen) oder Ocean-Wave (Instrument)
Ausgangsposition: im Sitzen oder im Liegen

Du lebst zuerst im großen, weiten Meer.
Der Wind treibt dich dort vor sich her.
Bläst er sanft, bist du klein.
Bläst er stürmisch, kannst du groß und sehr gefährlich sein.
Der Wind lässt dich tanzen, auf und nieder.
Du reitest auf dem Wasser, wieder und wieder.
So treibt dich der Wind immer näher ans Land.
Schließlich endest du am Strand.
Von dort aus kann man dich sehen und dir lauschen.
Jetzt weißt du es sicher: du bist das ... (Meeresrauschen)!

Die Kinder nehmen eine für sie bequeme Ausgangsposition ein. Sprechen Sie
nun langsam und deutlich den Text des Rätsels.
Lassen Sie am Ende eine weitere kleine Pause, in der die Kinder noch einmal über
die Lösung nachdenken können.
Ist allen klar, welcher Begriff in diesem Rätsel gesucht wurde, können Sie mit den
Kindern über das Meer, den letzten Strandurlaub u. Ä. sprechen.
Bitten Sie nun die Kinder, sich wieder auf die Matte zu legen. Während im
Hintergrund Meeresrauschen von einer CD zu hören ist, können alle ihrer
Phantasie freien Lauf lassen, vom Meer, den Wellen, dem Strand, der Sonne usw.
träumen.

Die Schneeflocke

Material:	evtl. eine Bodenunterlage für jedes Kind, Entspannungs-musik, Watteflocken (zur Nachbereitung)
Ausgangsposition:	im Sitzen oder im Liegen

Im Himmel beginnt deine Reise.
Von dort fällst du auf die Erde, ganz leise.
Straßen, Häuser, Bäume, alles deckst du zu.
Die Welt wird weiß im Nu.
Die Kinder freuen sich, wenn sie dich sehen.
Das können Erwachsene oft nicht verstehen.
Ihnen bist du zu gefährlich, zu rutschig, zu nass.
Die Kinder bauen Schneemänner, fahren Schlitten und haben Spaß.
Sicher fällt es dir nun ein:
Wer oder was kannst du sein?

Die Kinder machen es sich bequem. Tragen Sie langsam und leise den Text vor. Am Ende äußern die Kinder reihum ihre Vermutung, um was es hier geht. In einem kurzen Gespräch können wichtige Dinge über den Schnee ausgetauscht werden. Dann verwandeln sich alle in Schneeflocken, die durch den Raum schweben. Entsprechende Musik begleitet den Schneeflockentanz.
Eine weitere Möglichkeit bietet das Zudecken eines Kindes mit „Schneeflocken". Ein Kind sucht sich eine bequeme Ausgangsposition im Liegen. Die anderen Kinder stellen sich darum herum. Sie lassen nun langsam Watteflocken auf das liegende Kind fallen, bis es ganz damit bedeckt ist. Auch hier kann leise Musik im Hintergrund die Entspannung unterstützen.

Die Kerze

Material:	eine Kerze, Streichholz, feuerfester Untersetzer, evtl. Wassereimer (Brandschutz!)
Ausgangsposition:	im Sitzen

Du bist eckig oder rund,
weiß oder bunt.
In deiner Mitte ist ein Docht,
hält man Feuer daran, brennst du sofort.
Dann leuchtest du mit hellem Schein
in die weite Welt hinein.
Du bringst den Menschen Ruhe und Besinnlichkeit,
leuchtest vor allem in der Weihnachtszeit.
Du machst die Dunkelheit hell.
Pustet man dich an, erlischst du ganz schnell.
Was kannst du sein?
Fällt es dir ein?

Die Kinder setzen sich bequem hin und schließen die Augen. Sprechen Sie langsam und leise den Text. Nach einer kleinen Pause können alle reihum ihre Lösung nennen.
Stellen Sie nun eine brennende Kerze in die Mitte des Kreises und bitten Sie die Kinder, diese eine Weile zu betrachten. Wer möchte, kann die Augen schließen und die Kerze visualisieren (s. Visualisierungsübungen, S. 87 f.).

Die Seifenblase

Material: Seifenblasenflüssigkeit (gekauft oder selbst hergestellt),
ein Bodenwischer (Rutschgefahr)
Ausgangsposition: im Sitzen oder im Liegen

Du bist aus Wasser und Seife gemacht.
Wirst du angepustet,
schwebst du in der Luft ganz sacht.
Der Wind trägt dich mit sich fort,
du lässt dich treiben,
gleitest von hier nach dort.
Die Kinder mögen dich sehr,
spielen mit dir,
pusten dich sanft hin und her.
Du bist klein oder groß und kugelrund.
Du bist wunderschön,
glitzerst in schillernden Farben ganz bunt.
Manchmal zerplatzt du auf einer Nase.
Du bist eine hübsche ...

Die Kinder machen es sich bequem und hören den Text. Lassen Sie viele kleine Pausen zwischen den einzelnen Zeilen, so dass die Kinder sich in das Gesprochene hineinversetzen können.

Ist die Lösung von allen gefunden, verwandeln sich die Kinder in Seifenblasen, die durch den Raum schweben.

Sie können der Gruppe auch Seifenlauge zum Herstellen von Seifenblasen anbieten. Während ein Kind die Seifenblasen pustet, beobachten die anderen

deren Flug oder versuchen, die Seifenblasen zu fangen. Legen Sie auf jeden Fall einen Bodenwischer bereit, da dies eine etwas rutschige Angelegenheit werden kann.

Der Atem

Ausgangsposition: im Sitzen oder im Liegen

Bei Mensch und Tier gehst du aus und ein.
Keiner kann ohne dich sein.
Manchmal hört man dein Kommen und Gehen.
Im Winter bist du in der Kälte deutlich zu sehen.
Du kannst kräftig sein, zart aber auch.
Dann nennt man dich einen Hauch.
Man braucht ganz wenig von dir um eine Kerze auszublasen.
Man braucht viel von dir, will man ganz schnell rasen.
Nun überlege, wer oder was kannst du sein?
Es fällt dir ganz, ganz sicher ein.

Haben alle die Lösung des Rätsels gefunden, können kleine Atemspiele folgen. Hier probieren die Kinder z.B. die im Text genannten Dinge aus: Sie atmen leise und laut, kräftig und zart, hauchen den Atem aus dem Mund, stellen das Ausblasen einer Kerze dar.
Es kann auch eine weitere kleine Atementspannung erfolgen. Beispiele hierzu finden Sie im Kapitel Atem-Entspannung ab S. 30 f.

Visualisierungsübungen

Unter Visualisierung wird im Allgemeinen die Fähigkeit verstanden, Bilder vor dem inneren, geistigen Auge zu sehen. In Visualisierungsübungen wird diese Fähigkeit geübt und bis zur Vervollkommnung trainiert.

Visualisierung arbeitet mit zwei unterschiedlichen Arten der Vorstellungskraft. Die aktive Vorstellung nutzt das bewusst visualisierte Bild um sich unter einem bestimmten Aspekt darauf zu konzentrieren. Diese Technik kann sehr einfach und unkompliziert geübt werden. Ein Gegenstand (z.B. eine Kerze) wird aufmerksam betrachtet. Dann werden die Augen geschlossen und dieses Bild vor dem inneren, geistigen Auge möglichst exakt reproduziert.

Die rezeptive (aufnehmende, empfangende) Vorstellung verzichtet dagegen auf ein bewusst gewähltes Bild und nutzt stattdessen Bilder, die aus dem Unterbewussten auftauchen. Diesen Bildern überlässt man sich einfach und achtet darauf, was geschieht.

Viele Menschen nutzen die aktive, andere die passive Technik, um Bilder vor dem inneren Auge zu produzieren. Manche Menschen nutzen aber auch beide Vorstellungsarten und mischen sie in der Visualisierung miteinander. Hier gibt es kein Richtig oder Falsch.

Ist man in einer der beiden Techniken des Visualisierens geübt, gelingt es immer leichter, sich Gegenstände, Situationen, Orte, Handlungen, Stimmungen usw. bildhaft vorzustellen, diese nicht nur zu sehen, sondern mit allen Sinnen wahrzunehmen.

Visualisierungsübungen

Unterschiedliche Disziplinen (Medizin, Sport, Pädagogik ...) machen sich diese Methode inzwischen zunutze.

Gerade Kindern, die noch über ein unerschöpfliches Maß an Vorstellungskraft verfügen, gelingen kleine, kurze Visualisierungen recht gut. Hilfreich für sie ist vielleicht die Idee, dass sie sich in einen Fotoapparat verwandeln, der sich alle Einzelheiten, die er sieht, einprägt und so ein naturgetreues Bild des Gegenstandes abfotografiert. Dieses gibt er dann hinter geschlossener Linse (geschlossene Augen) exakt wieder.

Visualisierungen können genutzt werden, um das eigene Wohlbefinden zu steigern. Positiv besetzte Visualisierungen erzeugen in uns sogar Glücksgefühle und setzen im Gehirn Endorphine und weitere Glücksstoffe frei. Dies ermöglicht es Kindern, positive Lebensenergien zu spüren, Kraft zu tanken, zu entspannen. Des Weiteren verbessern Visualisierungen unsere Konzentrationsfähigkeit. Sie trainieren unseren Geist und fördern die Kreativität.

Obwohl die Visualisierung zunächst im Kopf abläuft, wirkt sie sich zusätzlich auch auf unser körperliches Befinden aus. Ruhige, wohltuende, angstfreie und harmonische Bilder führen somit neben der geistigen auch zur körperlichen Entspannung. Der Puls und die Atmung werden langsamer, der Blutdruck sinkt, die Körperwahrnehmung wird gefördert. Der Körper findet Zeit zu regenerieren. Phantasiereisen sind übrigens eine besondere Form der Visualisierung. Dazu mehr an entsprechender Stelle.

Die nun folgenden Visualisierungen beschäftigen sich mit Gegenständen, die den Kindern aus ihrem Alltag bekannt sind, zu denen sie folglich leicht einen Bezug herstellen können.

Die Blume

Material: eine Blume
Ausgangsposition: im Sitzen

Betrachte diese Blume, sie ist ein Unikat.
Verwandle dich gleich in einen Fotoapparat.
Betrachte die Blume eine Weile,
ganz in Ruhe und ohne Eile.
Du kommst mehr und mehr zur Ruh`.
Bei „Klick" machst du die Augen zu.
Du kannst die Blume vor deinem inneren Auge sehen,
siehst sie deutlich vor dir stehen.
Schau sie dir noch einmal in aller Ruhe an.
Öffne die Augen dann.

Sprechen Sie mit den Kindern über die Blume, die sie ausgewählt haben. Nennen Sie z.B. ihren Namen, beschreiben Sie ihre Farbe. Betonen Sie zudem, dass jede Blume etwas ganz besonderes ist. Erklären Sie den Kindern in diesem Zusammenhang das Wort Unikat.
Sprechen Sie zur Einstimmung den kleinen Text. Er leitet die Gruppe durch die Übung.
Während alle die Augen geschlossen haben, können Sie die Blume aus dem Kreis wegnehmen. Wem gelingt es, sie nach der Visualisierung möglichst exakt zu beschreiben oder zu malen? Während dieses Prozesses können die Kinder immer wieder die Augen schließen, um die Blume noch einmal zu „sehen".

Das Blatt

Material: mit den Kindern gesammelte Herbstblätter, ein Sitzkis-
                   sen für jedes Kind, ein schönes Tuch
Ausgangsposition: im Sitzen

Viele Blätter liegen hier im Kreise.
Wir betrachten sie und werden ganz leise.
Die Blätter hat der Herbst uns gebracht.
Wir geben gut darauf acht.
Jeder nimmt ein Blatt mit zu seinem Platz,
betrachtet es wie einen großen Schatz.
Schaut euch die Farben, die Adern, die Form genau an.
Prägt euch alles ein, schließt die Augen dann.
Nun könnt ihr das Blatt noch einmal betrachten,
auf alles ganz genau achten.

Im Herbst bietet es sich an, auf einem Spaziergang Blätter mit den Kindern zu sammeln.
In der Einrichtung legen Sie sie auf dem Tuch aus. Die Kinder sitzen im Kreis darum herum. Sprechen Sie den Text. Die Kinder schauen sich die Blätter an und suchen sich eines aus.
Dieses betrachten sie ganz genau, um es dann zu visualisieren.
Nach der Übung haben alle die Möglichkeit, sich in Bewegung mit den Blättern zu beschäftigen. Wer Lust hat, kann sein Blatt auch malen oder z.B. eine Frottage damit machen.

Die Kerze

Material:	ein schönes Tuch, eine Kerze mit Untersetzer, Streichholz, Sitzkissen für jedes Kind, evtl. Wassereimer (Brandschutz!)
Ausgangsposition:	im Sitzen

Du siehst die Kerze hier vor dir stehen.
Du kannst ihre Wärme spüren
und ihr Licht deutlich sehen.
Versuche, dieses Bild in dich aufzusaugen.
Betrachte es ganz genau.
Dann schließe langsam deine Augen.
Kannst du die Kerze immer noch sehen?
Spürst du ihre Wärme?
Siehst du sie mit geschlossenen Augen vor dir stehen?
Schau dir die Kerze noch ein wenig an.
Öffne die Augen dann.

Der Raum ist verdunkelt. Die Kinder bilden einen dichten Sitzkreis um die Kerze. Bitten sie die Gruppe, sich ganz auf die brennende Kerze zu konzentrieren und sie eine Weile still zu betrachten.
Dann sprechen Sie den kleinen Text.
Bieten Sie den Kindern nach der Visualisierung an, ihre Kerze zu malen. Oder alle verwandeln sich in eine Kerze und stellen das flackernde Licht durch Hin- und Herbewegen des Oberkörpers dar.

Dein Freund

Hier ist dein (ein) Freund: Schau ihm ins Gesicht.
So vergisst du ihn sicher nicht.
Präge dir alles ganz genau ein,
dann kann er immer bei dir sein.
Er kann dich in deiner Phantasie an jeden Ort begleiten.
Er ist bei dir zu den unterschiedlichsten Zeiten.
Denn wenn du die Augen nun schließt,
gelingt es dir, dass du ihn trotzdem siehst.

Sprechen Sie mit den Kindern darüber, wozu man einen guten Freund braucht. Er kann Hilfe und Unterstützung sein, allein dadurch, dass man ihn sich in der Phantasie bildlich vorstellt und so seine Anwesenheit simuliert.
Die Kinder suchen sich einen Partner/ Freund. Beide setzen sich einander gegenüber und schauen sich an. Der Text gibt nun vor, wie es weitergeht.

Farbmeditationen

Farben gestalten die Welt bunt, sie machen unser Leben farbenfroh und spielen in vielen unterschiedlichen Bereichen eine wichtige Rolle (Religion, Kunst, Werbung, Industrie, Lebensmittelbranche usw.).

Farben haben sowohl positive als auch negative Wirkungen. Sie beeinflussen unser körperliches Wohlbefinden, unser Denken, unser Fühlen und unser Handeln.

Dies spiegelt sich in vielen Redewendungen wider: Wir wechseln die Farbe. Wir erbleichen. Wir malen uns etwas in den leuchtendsten/schillerndsten Farben aus. Wir sehen schwarz. Wir denken nur in schwarzweiß.

Die Erkenntnis, dass Farben sogar heilende Wirkung haben, besitzen Menschen wohl schon seit ewigen Zeiten. Viele Kulturen kennen unterschiedliche Methoden um Krankheiten mit Farbe zu behandeln (z.B. Farbräume, Einwickeln in farbige Tücher, Einreiben mit farbigen Pasten, Bestrahlung mit farbigem Licht).

Diese gesundheitsfördernde Wirkung der Farben beruht u.a. darauf, dass jeder Farbe besondere Eigenschaften zugesprochen sind, die auf den Betrachter einen bestimmten Reiz ausüben und zu unterschiedlichen Reaktionen führen können. Dies gilt sowohl für reale Farben, die uns im Raum, in den Gegenständen usw. begegnen, als auch für solche, die wir visualisieren.

Durch das intensive Betrachten und durch das Visualisieren von Farben kann der Mensch Einfluss auf seine Stimmung nehmen, diese in eine positive oder auch negative Richtung lenken.

Gerade in unserer heutigen grellen und bunten Welt kann die bewusste Konzentration auf nur eine Farbe sehr beruhigend und entspannend wirken. Schon Kinder wissen dies zu schätzen.

Die im Folgenden vorgestellten Farbmeditationen arbeiten mit Farben, denen beruhigende, harmonisierende und entspannende Eigenschaften zugesprochen werden.

In der Visualisierung erscheinen sie vor dem geistigen Auge. Mit der Technik des Visualisierens sind die Kinder bereits durch die im vorangegangenen Kapitel beschriebenen Übungen vertraut. Die Farbmeditationen gehen nun noch einen Schritt weiter.

Hier erhalten die Kinder über dieses Visualisieren hinaus Anregungen, in ihrer Phantasie Kontakt zu der Farbe herzustellen, indem sie sie aufsaugen, darin baden oder sich von ihr sanft bedecken lassen.

Durch diese Versenkung in die jeweilige Farbe kommt es unter günstigen Voraussetzungen zu einer Bewusstseinserweiterung und einem Zustand tiefer innerer Ruhe.

Die Übungen orientieren sich an dem Prinzip der konzentrativen Meditation. Dabei wird die Aufmerksamkeit der Kinder, im Gegensatz zur rezeptiven Methode, weitestgehend gelenkt. Die Kinder konzentrieren sich auf einen Gegenstand (Kugel, Tücher). Dieser verdeutlicht noch einmal um welche Farbe es geht. Der gesprochene Text und das zum Einsatz kommende Material unterstützen den Visualisierungsprozess.

Die Zauberkugel

Material: ein Sitzkissen für jedes Kind, eine violette Kugel (z.B. mit
                         violettem Seidenpapier gefüllte oder mit violetter Glit-
                         zerfarbe besprühte Plastikkugel), ein großes violettes
                         Tuch

Ausgangsposition: im Sitzen

Diese Kugel hier,
ist etwas ganz besonderes, glaube mir.
Es wohnt ein Zauber in ihr,
und wenn du Glück hast, zeigt er sich dir.
Doch zuerst musst du die Kugel eine Weile betrachten
und auf die schöne violette Farbe achten.
Sieh dir die violette Kugel ganz genau an.
Schließe die Augen dann.
Sieh nun, wie die Kugel sich vom Boden erhebt,
wie sie langsam und sacht nach oben schwebt.
Du hörst ein leises Zischen,
siehst aus der Kugel violettes Pulver entwischen.
Dieses Pulver breitet sich über dir aus, und auf der Stell
bist du violett von oben bis unten, das geht ganz schnell.
Du lässt das Violett in dich fließen,
kannst die Farbe um dich und in dir genießen.
Verweile noch ein wenig in dieser violetten Farbenpracht.
Dann recke und strecke dich sacht.

Violett ist eine sehr spirituelle Farbe, die eine beruhigende Wirkung auf das Nervensystem hat. In der Farbtherapie wird sie daher u.a. zur Behandlung von Einschlafstörungen eingesetzt.

Die violette Kugel liegt zu Beginn auf dem violetten Tuch in der Kreismitte. Die Kinder sitzen auf ihren Kissen im Kreis darum herum.

Lassen Sie die Kugel einmal von Kind zu Kind weitergeben, so dass jeder sie spüren und betrachten kann. Erst dann beginnt die eigentliche Übung.

Sprechen Sie zunächst nur den ersten Abschnitt. Er dient als kleine Einleitung und unterstützt noch einmal das zur Ruhe Kommen der Kinder. Nach einer kleinen Pause geht es dann weiter.

Grün

Material: ein Sitzkissen für jedes Kind, ein großes grünes Tuch
Ausgangsposition: im Sitzen

Ein grünes Tuch liegt hier im Kreise.
Alle Kinder werden leise.
Alle Kinder kommen langsam zur Ruh`,
hören mir nun schweigend zu.
Sieh dir dieses grüne Tuch genau an.
Das Grün zieht dich ganz in seinen Bann.
Betrachte es eine Weile,
ganz in Ruhe und ohne Eile.
Versuche dieses Gün ganz aufzusaugen.
Schließe dann die Augen.
Stell dir dieses Grün in deinem Körper vor.

Es füllt dich aus, von den Zehen bis hinauf zum Ohr.
Ruhe breitet sich in dir aus.
Genieße das Grün.
Dann puste es wieder sanft aus dir heraus.

Grün ist eine sehr beruhigende Farbe. Wir sehen in ihr die Verbindung mit der Natur und der Lebenskraft von Pflanzen. Grün steht für Erholung, für Hoffnung und Zufriedenheit, für Gesundheit und Vitalität. Es hat entspannende, ausgleichende und harmonisierende Eigenschaften und gilt in der Farbtherapie als wichtigste Heilfarbe.
Die Kinder sitzen im Kreis. In der Kreismitte liegt ein grünes Tuch.
Nachdem die Kinder zur Ruhe gekommen sind, beginnen Sie langsam und deutlich den Text zu sprechen. Der erste Abschnitt dient wieder als kleine Einführung. Denken Sie daran, kurze Pausen einzulegen, so dass die Kinder genügend Zeit haben, sich einzufühlen und die Farbe in sich wirken zu lassen.

Unter blauem Himmel

Material:	eine Bodenunterlage, nach Möglichkeit Indigoblau, ein indigoblaues Seiden- oder Chiffontuch für jedes Kind
Ausgangsposition:	im Liegen

Du liegst auf einer Luftmatratze im tiefen blauen Meer.
Die Wellen schaukeln dich sanft hin und her.

Farbmeditationen

Über dir siehst du die Wolken gleiten.
Sie schweben dort am Himmel seit ewigen Zeiten.
Der Himmel hat heute ein tiefes Blau.
Du kannst es sehen, ganz genau.
Du nimmst dieses Blau ganz deutlich wahr.
Du findest es angenehm, fühlst dich wunderbar.
Das Blau umhüllt dich sacht,
gibt auf dich acht.
Es trägt dich von unten
und deckt dich von oben zu.
Du genießt das Blau, kommst zur Ruh'.
Schau dir noch eine Weile dieses schöne Blau an.
Recke und strecke dich dann.

Blau, insbesondere ein dunkles Blau mit einem Schuss Rot (= Indigoblau), ist eine sehr besänftigende Farbe. Sie versinnbildlicht vollkommene Stille und wirkt beruhigend auf das Zentralnervensystem. Sie vermittelt Sicherheit und Geborgenheit.

Die Kinder liegen bequem auf ihrer Matte und kommen zur Ruhe. Wer möchte, kann sich mit einem blauen Tuch zudecken. Der erste kleine Abschnitt des Textes stimmt die Kinder in die Entspannung ein und macht ihnen deutlich, worum es geht. Bitten Sie alle, die Augen während der Übung möglichst geschlossen zu lassen.

Von der Erde getragen

Material: eine braune Bodenunterlage für jedes Kind (z.B. braunes Tuch)

Ausgangsposition: im Liegen

Du liegst ganz bequem.
Unter dir spürst du die Farbe Braun.
Du kannst dich dem Braun ruhig und gelassen anvertrauen.
Du kannst es wagen,
lass dich vom Braun des Bodens tragen.
Gib dich ihm hin mit Wohlbehagen.
Du kannst deinen Körper einmal fest in dieses Braun hineindrücken.
Es trägt dich und stützt deinen Rücken.
Du spürst das Braun nun an allen Körperstellen.
Es durchflutet dich in angenehmen Wellen.
Es durchströmt dich vom Kopf bis hinunter zu den Zehen.
Du kannst das Braun in dir spüren, es vor deinem inneren Auge sehen.
Du vergisst alle Sorgen,
fühlst dich getragen und sicher geborgen.
Bleib noch ein klein wenig liegen,
Genieß es, dich in das Braun zu schmiegen.

Braun ist die Farbe der Erde. Sie wirkt beruhigend und regenerierend.
Setzen Sie sich mit den Kindern in einen Kreis. In der Mitte liegen die braunen Tücher. Diese können unterschiedliche Brauntöne haben, so dass jedes Kind die Möglichkeit hat, seinen angenehmen Farbton zu finden.

Sprechen Sie nun mit den Kindern über die Farbe Braun. Wecken Sie Assoziationen zur Mutter Erde, zum tragenden Boden, zur Erdverbundenheit usw.
Die Kinder suchen sich am Ende des Gesprächs ein braunes Tuch aus und legen es auf die Bodenunterlage. Sie begeben sich in eine bequeme Liegeposition. Dann beginnt die Übung.

Die rosa Brille

Material:	eine gebastelte rosa Brille für jedes Kind (Pappgestell mit Gläsern aus durchsichtigem rosa Papier)
Ausgangsposition:	im Sitzen

Mach es dir bequem mit allem drum und dran.
Zieh die rosa Brille an.
Schau dich damit um,
links und rechts herum.
Lass die Brille eine Weile auf der Nase.
Fühl dich wie in einer rosa Oase.
Schließe deine Augen dann.
Achte darauf, was das Rosa kann.
Es kann in dich fließen.
Nimm dir Zeit es zu genießen.
Rosa umgibt dich und ist in dir drin.
Schau eine Weile ganz genau hin.
Hast du genug von der rosa Farbenpracht,
leg die Brille zur Seite,
reibe deine Augen sacht.

Rosa vermittelt Geborgenheit. Es ist eine beruhigende, sanfte Farbe, die auf Grund dieser Eigenschaften in einigen amerikanischen Gefängnissen und Erziehungsheimen eingesetzt wird, um aggressive Gefangene zu besänftigen. Die Farbe wirkt am besten, wenn sie leicht ins Lachsrosa oder ins Altrosa geht. Nachdem die Kinder zur Ruhe gekommen sind, setzen sie die rosa Brille auf und lassen die Farbe auf sich wirken. Lesen Sie den Text vor und machen Sie an der gekennzeichneten Stelle (vor „Achte darauf ..") eine kleine Pause, in der die Kinder die Farbe auf sich wirken lassen können.

Deine Lieblingsfarbe

Material: eine Bodenunterlage für jedes Kind, viele Tücher in unterschiedlichen Farben
Ausgangsposition: im Liegen

Mach es dir bequem auf deinem Platz.
Bei dir ist deine Lieblingsfarbe –
sie ist wie ein kleiner Schatz.
Betrachte und denke an sie eine Weile.
Schließe die Augen,
träume von deiner Farbe, ohne Eile.
Spüre, wie sie in dir drinnen ist,
wie sie dich ausfüllt,
bis du voller Farbe bist.
Die Farbe gibt dir ganz viel Kraft.
Du bist entspannt,
fühlst dich fabelhaft.

Farbmeditationen

Mit jedem Atemzug strömt neue Farbe in dich hinein.
Sie lässt dich zufrieden und glücklich sein.
Achte noch ein wenig darauf, was die Farbe mit dir macht.
Recke und strecke dich dann sacht.

Jeder Mensch hat seine Lieblingsfarbe. Diese kann ihn ein Leben lang begleiten oder auch zwischendurch wechseln. Die Lieblingsfarbe beeinflusst positiv unsere Stimmung. Sie tut uns gut, ist für uns sehr angenehm und gibt uns Kraft.
Die Kinder suchen sich aus dem Korb ein Tuch in ihrer Lieblingsfarbe aus. Mit diesem Tuch legen sie sich auf die Bodenunterlage. Sie halten das Tuch während der Übung in der Hand, decken sich damit zu oder legen es auf ihr Gesicht.
Der kleine Text lässt die Kinder zur Ruhe kommen und bringt sie in Kontakt mit ihrer Lieblingsfarbe. Achten Sie auf kleine Pausen an den richtigen Stellen.

Kleine Phantasiereisen

Das Wort Phantasie stammt aus dem griechischen (*phantasia*) und bedeutet so viel wie Vorstellungvermögen, Einbildungskraft, Einfallsreichtum.

Allein mit Hilfe der Phantasie gelingt es uns, Dinge vor unserem inneren Auge zu sehen (s. S. 87, Visualisierungsübungen). Darüber hinaus können wir sogar noch einen Schritt weiter gehen und Reisen in unsere innere Welt unternehmen, uns hier mit bereits real Erlebtem oder mit konstruierten Vorstellungen in eigener Art und Weise beschäftigen. Je mehr Sinne dabei angesprochen werden, umso lebendiger können unsere inneren Bilder sein.

Gerade Kinder nutzen ihre Vorstellungskraft immer wieder, um sich z.B. in kleine, kurze und entspannende Tagträume zu begeben. Hier erleben sie vor ihrem inneren Auge spannende, gefährliche, lustige oder auch beruhigende Abenteuer. Sie beschäftigen sich mit Erlebtem, mit ihren Gedanken und Gefühlen. Diese kleinen Auszeiten sind wichtige Ruhe- und Entspannungsmomente, aus denen die Kinder erholt und erfrischt erwachen. Leider werden sie von Erwachsenen oft nicht als solche erkannt und dementsprechend kurzerhand unterbrochen.

Die Phantasie dient hier jedoch nicht als Möglichkeit, dem Alltag zu entfliehen. Sie kann uns vielmehr unterstützten, Menschen besser zu verstehen, Heilungsprozesse erfolgreich zu beeinflussen, positive Verhaltensweisen aufzubauen und negative Gewohnheiten zu überwinden.

Damit Phantasiereisen ihre positive Wirkung entfalten können, müssen sie eine optimistische und hoffnungsvolle Grundeinstellung vermitteln. Das Kind muss sich zudem mit den darin agierenden Personen, mit den genannten Tieren und den beschriebenen Situationen identifizieren können.

Die folgenden Texte leiten durch die Geschichten. Hier können ganz nebenbei Entspannungsformeln (Meine Arme werden ganz schwer) einfließen oder Vorsätze (Mit Mut geht alles gut!) integriert werden.

Gut ausgewählte und die Bedürfnisse der Kinder ansprechende Phantasiereisen führen zur tiefen Entspannung.

Sie wirken sich positiv auf den Körper aus, indem sie Einfluss auf das autonome (vegetative) Nervensystem nehmen und hier u.a. zur Entspannung der Muskulatur, zur Verlangsamung der Pulsfrequenz und zur Erweiterung der Blutgefäße führen.

Die Kinder werden insgesamt psychisch stabiler und ausgeglichener.

Phantasiereisen bedürfen keiner großen Vorbereitung. Erklären Sie den Kindern kurz den Ablauf. Wer mag, kann seine Augen schließen, denn die Wirkung ist mit geschlossenen Augen am größten. Die Kinder nehmen eine für sie angenehme Ausgangsposition ein – dann kann es auch schon losgehen.

Achten Sie beim Sprechen des Textes darauf, dass ihre Stimme ruhig und getragen wirkt und vielleicht auch etwas tiefer als üblich ist. Lassen Sie Raum für Pausen, damit genügend Zeit vorhanden ist, um innere Bilder entstehen zu lassen und ihnen nachzuspüren.

Es ist nicht zwingend erforderlich, nach einer Phantasiereise mit den Kindern darüber zu sprechen. Wichtig ist jedoch, dass am Ende jeder Geschichte eine gute Rückführung in die Realität erfolgt.

Die hier vorgestellten Phantasiereisen eignen sich schon für Kinder ab 4 Jahre.

Familie Maus

Material:	große, weiche Bodenunterlage, auf der alle Kinder Platz finden, evtl. Decken zum Zudecken
Ausgangsposition:	im Liegen

Familie Maus verlässt im Winter nie ihr Haus.
Denn draußen ist es kalt.
Es weht ein eisiger Wind.
Da geht keiner vor die Türe, auch kein Mäusekind.
Stattdessen kuscheln sich die Mäuse dicht an dicht.
So stört sie der Winter nicht.
Manchmal ist ein leises Schnarchen zu hören.
Doch das kann die Mäuse im Schlaf nicht stören.
Manchmal niest ein Mäuschen ganz leise.
Auch das stört die anderen in keinster Weise.
Manchmal bewegt sich ein Mäuschen im Traum.
Das stört die anderen ebenfalls kaum.
Alle schlafen tief und fest
in ihrem warmen Mäusenest.
Träumen wie Mäuse eben träumen,
haben dabei nichts zu versäumen.
Was sie träumen, wissen wir kaum,
denn jede Maus träumt ihren eigenen Mäusetraum.
Doch beim ersten milden Frühlingsregen
beginnen die Mäuschen sich langsam zu regen.
Sie recken und strecken sich der Sonne entgegen,
wollen in der Frühlingssonne sich bewegen.

Diese kleine, recht kurze Entspannungsgeschichte eignet sich als Einstieg in die Arbeit mit Phantasiereisen. Die Kinder lernen eine Weile entspannt, ruhig in einer Ausgangsposition zu verweilen und einer Geschichte in ihrer Phantasie zu folgen. Hier haben zudem sehr unruhige Kinder die Möglichkeit, sich im geschützten Rahmen der Geschichte zu bewegen, ohne dass es auffällt oder stört.

Die Zeilen am Anfang dienen zur Einstimmung. Nach dem Mittelteil sollte eine Pause folgen, so dass die Kinder Zeit haben, sich ihren Phantasien hinzugeben.

Am Ende haben alle die Möglichkeit sich ausgiebig zu bewegen und z.B. als Mäusekinder durch den Raum zu flitzen.

Vögelchen im Nest

Material: evtl. ein Reifen für jedes Kind
Ausgangsposition: im Liegen

Ein kleines Vögelchen liegt im Nest.
Kuschelt sich hinein ganz fest.
Langsam kommt es nun zur Ruh.
Seine Augen fallen zu.
Es schläft ein,
träumt vom warmen Sonnenschein.
Träumt von frischer Frühlingsluft,
träumt von süßem Blumenduft.
Träumt von vielen schönen Dingen.
Da hört es die Vogelmama singen.
Es wacht auf, breitet seine Flügel aus
und fliegt in die Welt hinaus.

Auch diese Reise in die Phantasie ist sehr kurz gehalten.

Die Kinder verwandeln sich in kleine Vögelchen, die sich in ein imaginäres Nest oder in einen Reifen legen. Hier machen sie es sich gemütlich und folgen den Anweisungen des Textes (zur Ruhe kommen, Augen schließen).

Nach der Zeile „... träumen von vielen schönen Dingen." folgt eine kurze Pause, in der die Kinder ihrer Phantasie freien Lauf lassen können.

Das Ende der Phantasiereise wird durch Vogelgezwitscher (z.B. Pfeifen) angezeigt. Nun haben die Kinder Gelegenheit, sich zu bewegen und z.B. als Vögelchen umher zu fliegen.

Die Sonne lacht

Material: evtl. eine Bodenunterlage für jedes Kind
Ausgangsposition: im Liegen oder im Sitzen

Im Traum gehst du spazieren, ganz allein,
eine Blumenwiese lädt dich zum Verweilen ein.
Du legst dich hin und kommst zur Ruh.
Deine Augen gehen langsam zu.
Da kitzelt dich etwas im Gesicht.
Zuerst erkennst du es nicht.
Du überlegst, was kann das sein?
Da kitzelt es dich am Bein.
Es kitzelt dich auch am Arm.
Plötzlich wird dir wohlig und warm.
Du nimmst diese Wärme am ganzen Körper wahr.
Du fühlst dich gut, es geht dir wunderbar.

Da siehst du, wer dir diese Wärme macht.
Es ist die Sonne. Sie steht über dir und lacht.
Freundlich scheint sie auf dich hernieder,
wärmt deinen Körper und alle Glieder.
Und so liegst du im warmen Sonnenschein.
Du hast keine Schmerzen, keine Pein.
Du genießt die Wärme und die Ruhe noch eine Weile.
Du wirst wach und stehst auf ohne Eile.

In dieser Phantasiereise wird die Vorstellungskraft der Kinder auf die Sonne als Wärmespender gelenkt. Allein die vorgestellte Wärme schafft es, die Blutgefäße zu erweitern und ein Gefühl der Wärme im Körper spürbar zu machen.
Der Text leitet die Kinder dazu an, in dieser Wärme und Ruhe so lange zu verweilen, wie jedes es möchte.

Die Schnecke

Material: evtl. eine Bodenunterlage für jedes Kind
Ausgangsposition: im Liegen oder im Sitzen

Stell dir vor, du gehst spazieren, ganz allein.
Da siehst du eine Schnecke neben einem Stein.
Die Schnecke kriecht ganz langsam im warmen Sonnenschein.
Du schaust der Schnecke eine Weile zu.
So kommst du ganz allmählich zur Ruh.
Du stellst dir vor, selbst eine Schnecke zu sein.

Du kriechst gemütlich durch den warmen Sonnenschein.
Du genießt die Wärme in deinem Schneckenhaus,
legst dich ins Gras und ruhst dich aus.
Hier träumst du eine Weile,
ganz in Schneckenmanier und ohne Eile.
Du träumst vielleicht von schönen Blumen, von saftigem Gras,
von Marienkäfern und von anderen Schnecken.
Nach einer Weile wirst du wach, willst dich recken und strecken.

Die Kinder suchen sich eine bequeme Ausgangsposition. Nachdem alle zur Ruhe gekommen sind, beginnen Sie mit dem Text.
Achten Sie darauf, an verschiedenen Stellen kurze Pausen zu machen, damit die Kinder Zeit zum Träumen haben.
Vielleicht haben die Kinder nach dieser Entspannungseinheit Lust auf ein kleines Schneckenrennen!

Der Zauberhut

Material:	evtl. eine Bodenunterlage für jedes Kind
Ausgangsposition:	im Liegen oder im Sitzen

Du liegst auf einer Wiese, es geht dir gut.
Da kommt ein Zauberer mit großem Hut.
Er sagt: „Der Hut macht dich unsichtbar."
Und das wird dir ganz schnell klar.
Du setzt den Hut auf.

Kleine Phantasiereisen

Die Zauberei nimmt ihren Lauf.
Du genießt es ganz und gar unsichtbar zu sein.
Du findest Unsichtbar-Sein ganz fein.
Der Zauberhut bringt dich an jeden Ort.
Du kommst dort hin sofort.
Und so reist du eine Weile,
ohne Hast und ohne Eile.
Keiner kann dich nun sehen.
Du kannst überall hingehen.
Doch nach einer Weile ist die Zauberei vorbei.
Der Zauberhut gibt dich wieder frei.
Du kommst zurück in diesen Raum.
Zu Ende ist dein Zaubertraum.

Vielleicht hat das eine oder andere Kind das Bedürfnis, nach der Entspannung über seine Erlebnisse zu sprechen und von den besuchten Orten zu erzählen. Dieser Gedankenaustausch sollte aber wirklich auf Freiwilligkeit beruhen.

Dein Lieblingstier

Material: evtl. eine Bodenunterlage für jedes Kind
Ausgangsposition: im Liegen oder im Sitzen

Stell dir vor, du willst im Wald spazieren gehen,
da siehst du am Waldrand einen Zauberer stehen.
Er ruft dich herbei,

sagt: „Einen Wunsch hast du frei!
Du darfst dein Lieblingstier sein.
Welches Tier fällt dir ein?
Ich zähle bis drei,
dann beginnt die Zauberei!"
Der Zauberer beginnt zu zählen.
Du hast Zeit, dein Lieblingstier zu wählen.
Und plötzlich, es ist wirklich wahr,
steht du als dein Lieblingstier da.
Du fühlst dich einfach wunderbar,
stellst dein Lieblingstier dar ganz und gar.
Genieße es, dieses Tier zu sein.
Begib dich ganz in dieses Tier hinein.
Da ruft dich der Zauberer wieder herbei.
Er sagt: „Bei 3 ist der Zauber leider vorbei!
Dann wirst du wieder du selber sein.
Stell dich langsam darauf ein!
Verabschiede dich von deinem Lieblingstier.
Komm nun zurück ins Jetzt und Hier!"

Die Kinder legen oder setzen sich bequem hin. Sprechen Sie den Text und lassen Sie eine kleine Pause, so dass die Kinder sich eine Weile in ihr Lieblingstier verwandeln können.
Vielleicht haben die Kinder nach der kleinen Phantasiereise Lust, ein Bild ihres Lieblingstieres zu malen oder von ihren Abenteuern in dieser Rolle zu berichten.

Die Waldfee

Material: evtl. eine Bodenunterlage für jedes Kind
Ausgangsposition: im Liegen oder im Sitzen

Du spazierst durch den Wald.
Auf einer Lichtung machst du Halt.
Hier kommst du ein wenig zur Ruh.
Die Augen fallen dir zu.
Da siehst du die Waldfee im Traum.
Sie schwebt über dir im Baum.
Sie lädt dich ein, ein wenig zu verweilen
und deine Ängste und Sorgen mit ihr zu teilen.
Und so beginnst du zu erzählen,
von den Problemen, die dich quälen.
Die Waldfee hört dir zu,
du kommst zur Ruh.
Sie macht dir Mut,
sagt: „Nur ruhig Blut,
und alles geht gut!"
Du spürst, wie gut dir das tut.
„Nur ruhig Blut
und alles geht gut!"
Du merkst dir diesen Satz,
bewahrst ihn in deinem Gedächtnis wie einen Schatz.
Hast du ein Problem, wird er dir nützen.
Er wird dir helfen und dich schützen.
So träumst du noch eine Weile,
ganz in Ruhe und ohne Eile.

Dann wachst du auf, denkst an deinen Schatz,
sprichst ganz leise noch einmal den Satz:
„Nur ruhig Blut
und alles geht gut!"
Du streckst und reckst dich gut,
hast nun neuen Mut.

Diese Phantasiereise zur Waldfee enthält einen kleinen, kurzen Merksatz: „Nur ruhig Blut und alles geht gut!", der sich durch die mehrmalige Wiederholung einprägt. Die Kinder können in entsprechenden Situationen an ihn denken und auf ihn zurückgreifen.
In einem anschließenden Gespräch kann dieser Spruch noch einmal gemeinsam mit allen gesprochen werden.

Literatur

Atmung

Struck, Veronika/ Mols, Doris: Atem- Spiele, Anregungen für die Sprach- und Stimmtherapie mit Kindern, verlag modernes lernen, 2002

Eutonie

Kjellrup, Mariann: Bewusst mit dem Körper leben, Ehrenwirth Verlag 2000

Macht, Siegfried /Maschwitz, Rüdiger: Neue Eutoniegeschichten für Kinder (CD), Kösel Verlag 2004

Maschwitz, Rüdiger: Hellwach und entspannt. Eutoniegeschichten für Kinder, Kösel Verlag 2001

Maschwitz, Rüdiger: Neue Eutoniegeschichten für Kinder mit CD, Kösel Verlag 2004

Phantasiereisen

Christiansen, Andrea: Mut und Stärke durch Fantasiereisen. Mit dem Zauberbären mehr Selbstvertrauen für Kinder, Kreuz Verlag 2008

Kalwitzki, Sabine: Flieg mit auf der Kuschelwolke. Fantasiereisen zum Entspannen und zur guten Nacht. Bertelsmann Verlag 2006

Petermann, Ulrike: Die Kapitän-Nemo-Geschichten. Geschichten gegen Angst und Stress, Herder Verlag 2009

Schnapp, Hannelore: „Unter deinen Sternen", Fantasiereisen zu biblischen Geschichten. 12 komplette Entwürfe für die Praxis. Neukirchener Verlagsges. 2007

Seifert, Ilona: Fantasiereisen und Spielaktionen in der Natur, Matthias Grünewald Verlag 2003

Seyffert, Sabine: Komm mit ins Regenbogenland. Phantasiereisen, Entspannungsrätsel und Gute-Nacht-Geschichten, Kösel Verlag 2006

Kinesiologie/ Brain - Gym

Buchner, Christina: Der Räuber Thalamus und andere Geschichten. Brainstories zur Lernbiologie für Eltern und Pädagogen, VAK Verlag 2008

Dennison, Paul E.: Brain – Gym – mein Weg: Lernen mit Lust und Leichtigkeit, VAK Verlag 2006

Dennison, Paul E. /Dennison, Gail: EK für Kinder. Das Handbuch der EDU-KINESTETIK für Eltern, Lehrer und Kinder jeden Alters. VAK Verlag 2009

Dennison, Paul E./ Dennison, Gail: Brain-Gym – für Kinder, VAK Verlag 2009

Goldschmidt, Annemarie: Alles klar mit Kinesiologie. Hellwach und voller Energie durch den Alltag, VAK Verlag 2006

Hannaford, Carla: Bewegung – das Tor zum Lernen, VAK Verlag 2008

Innecken, Barbara: Kinesiologie – Kinder finden ihr Gleichgewicht - Wissenswertes, Spiele, Lieder und Geschichten, Don Bosco Verlag 2008

Massagen für Kinder

Bläsius, Jutta: Streichelgeschichten, Massagen für kleine Hände, Don Bosco Verlag 2005

Simon, Gabriele: Erlebnismassagen für Kinder, Zauberhafte Berührungen mit Heilsteinen, Massage und Phantasie. NEUE ERDE Verlags- und Naturwarenvertrieb 2005

Sinnes-/ und Wahrnehmungsspiele

Bläsius, Jutta: Was berührt mich da? Taktile Wahrnehmungsspiele mit Bürsten, Schwämmen, Nudelhölzern ... verlag modernes lernen 2008

Steiner, Franz: Die Sinne. Spielen, Gestalten, Freude entfalten. Förderung der Wahrnehmungsfähigkeit bei Kindern. Ein Arbeitsbuch für Kindergarten, Schule und Eltern, Veritas Verlag 2003

Steininger, Rita: Kinder lernen mit allen Sinnen. Wahrnehmung im Alltag fördern, Klett Cotta Verlag 2008

Stille-Spiele und -übungen

Altner, Nils: Achtsam mit Kindern leben. Wie wir uns die Freude am Lernen erhalten. Ein Entdeckungsbuch. Kösel Verlag 2009

Buchner, Christina: Stillsein ist lernbar. Konzentration, Meditation, Disziplin in der Schule, VAK Verlag 2006

Verschiedene Entspannungstechniken

Krowatschek, Dieter/ Hengst, Ute: Mit dem Zauberteppich unterwegs, Entspannung in Schule, Gruppe und Therapie für Kinder und Jugendliche, verlag modernes lernen 2008

Portmann, Rosemarie: Die 50 besten Entspannungsspiele, Don Bosco Verlag 2005

Stöhr-Mäschl, Doris: Ruhe tut gut. Fantasiereisen, Bewegungs- und Entspannungsübungen für Kinder. Empfohlen von 5 bis 12, Verlag an der Ruhr 2008

Quante, Sonja: Was Kindern gut tut, Handbuch der erlebnisorientierten Entspannung, verlag modernes lernen 2008

Literatur

Yoga mit Kindern

Dunemann-Gulde, Angela: Yoga und Bewegungsspiele für Kinder, Kösel-Verlag 2005

Gibbs, Bel: Yoga für Kinder - Spiel und Spaß für 3- bis 11 jährige, Urania-Verlag 2005

Karven, Ursula: Sina und die Yogakatze, Rowohlt Verlag 2005

Proßowsky, Petra: Kinder entspannen mit Yoga, Verlag an der Ruhr 2007

Die ideale Ergänzung:

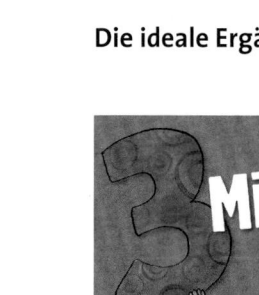

Jutta Bläsius

Drei Minuten Bewegung

Spiele für Zwischendurch in Kita und Schule

ISBN 978-3-7698-1641-9